МІЖНАРОДНИЙ РОЗВИТОК У ФОКУСІ

Реформа фінансування системи охорони здоров'я в Україні

Прогрес та майбутні напрями

КЕРІН БРЕДЕНКАМП, ЕЛІНА ДАЛЄ, ОЛЕНА ДОРОШЕНКО, ЮРІЙ ДЖИГИР, ЯРНО ХАБІХТ, ЛОРЕЙН ХОУКІНС, ОЛЕКСАНДР КАЦАГА, КАТЕРИНА МАЙНЗЮК, ХРИСТИНА ПАК, ОЛЬГА ЗУСЬ

1818 H Street NW, Washington, DC 20433
телефон: 202-473-1000; Інтернет: www.worldbank.org

1 2 3 4 25 24 23 22

Ця робота первинно була опублікована Світовим Банком та Всесвітньою організацією охорони здоров'я у 2022 р. англійською мовою як *Health Financing Reform in Ukraine: Progress and Future Directions*. У випадку розбіжностей перевагу матиме первинна версія.

Книги цієї серії публікуються, щоб повідомити результати досліджень, аналізу та оперативного досвіду Світового банку з найменшими затримками. Обсяг мовного редагування коливається від книги до книги.

ISBN: 978-1-4648-1908-7
DOI: 10.1596/978-1-4648-1908-7

Дизайн обкладинки: Дебра Нейлор / Naylor Design Inc.

Зміст

Перелік рисунків

Перелік таблиць

Подяка

Звіт «Реформа фінансування системи охорони здоров'я в Україні» розроблений Світовим банком і Європейським регіональним бюро Всесвітньої організації охорони здоров'я (ЄРБ ВООЗ). Цей звіт підготовлений (прізвища наведено в алфавітному порядку): Керін Бреденкамп (Світовий банк), Еліною Далє (ВООЗ), Юрієм Джигирем (консультантом Світового банку), Оленою Дорошенко (Світовий банк), Ольгою Зусь (незалежним консультантом), Олександром Кацагою (незалежним консультантом), Катериною Майнзюк (консультантом Світового банку), Христиною Пак (консультантом Світового банку), Ярно Хабіхтом (представництво ВООЗ в Україні) та Лорейн Хоукінс (незалежним консультантом).

Цінні коментарі та інформацію для підготовки цього звіту надали Паоло Беллі (Світовий банк), Таня Дмитраченко (Світовий банк), Тамаш Еветовіч (Барселонський офіс ВООЗ з питань фінансування системи охорони здоров'я), Тоомас Палу (Світовий банк), Томас Рубал (представництво ВООЗ в Україні), Карліс Смітс (Світовий банк), Сара Томсон (Барселонський офіс ВООЗ з питань фінансування системи охорони здоров'я), Тріін Хабіхт (Барселонський офіс ВООЗ з питань фінансування системи охорони здоров'я) та Теміна Хан (Світовий банк).

Автори висловлюють подяку представникам Міністерства охорони здоров'я України, Національної служби здоров'я України, Міністерства фінансів України та Державної служби статистики України за надану допомогу в отриманні доступу до даних і зворотній зв'язок щодо висновків під час консультацій перед підготовкою фінальної редакції цього звіту.

Загальне керівництво при підготовці цього звіту здійснювали Аруп Банерджі (Регіональний директор у справах країн Східної Європи (Україна, Білорусь, Молдова), Світовий банк) та Ганс Клюге (Директор ЄРБ ВООЗ).

Цей звіт підготовлено завдяки спів-фінансуванню в межах проекту «Підтримка реформ та управління в секторі охорони здоров'я», що впроваджується за підтримки Швейцарського агентства розвитку і співробітництва в Україні.

Про авторів

Керін Бреденкамп є провідним економістом та керівником програми з людського розвитку у країнах Східної Європи (Білорусь, Молдова та Україна) у Представництві Світового банку в Україні у м.Київ. Вона координує програму Світового банку в секторах охорони здоров'я, освіти та соціального захисту в Білорусі, Молдові та Україні, а також веде ключовий галузевий діалог з партнерами в уряді, громадянським суспільством та партнерами з розвитку. З моменту приєднання до Світового банку в 2006 р. Бреденкамп працювала над комплексними програмами реформ та позик у сфері людського розвитку в різних країнах-клієнтах Африки, Східної Азії, Східної Європи та Південної Азії. Найбільш активно вона працювала в Республіці Конго, Індії, на Філіппінах (де працювала у місцевих офісах), М'янмі та В'єтнамі. Її досвід полягає в реформуванні сектора охорони здоров'я, які підвищують ефективність і сталість сектору, підвищують фінансовий захист і сприяють рівноправному доступу, а також об'єднують багатосекторні заходи для зміцнення людського капіталу. До того, як приєднатися до Світового банку, Бреденкамп була викладачем економіки в Університеті Квазулу-Натал, Південна Африка. Її публікації включають понад 20 рецензованих журнальних статей та книг. Вона має ступінь доктора філософії в галузі державної політики (економіка сектору охорони здоров'я), який вона отримала в Університеті Північної Кароліни-Чапел-Хілл (США), ступінь магістра економіки та ступінь бакалавра економіки та політології, які вона отримала в Університеті Стелленбоша (Південна Африка), а також отримала кваліфікацію в галузі демографії та міжнародного здоров'я.

Еліна Далє—спеціаліст з фінансування охорони здоров'я з 15-річним досвідом аналізу політики, досліджень у галузі охорони здоров'я у всьому світі, а також розробки та впровадження реформ для зміцнення систем охорони здоров'я. Будучи старшим радником глобальної групи охорони здоров'я в Норвезькому інституті громадського здоров'я (НІГЗ), її поточна робота зосереджена на процедурній справедливості рішень щодо фінансування сектору охорони здоров'я. Вона також очолює співпрацю НІГЗ з питань громадського здоров'я з Центром громадського здоров'я України. До того, як приєднатися до НІГЗ, Далє працювала радником з питань охорони здоров'я в представництві Всесвітньої організації охорони здоров'я (ВООЗ) в Україні, керуючи політичним діалогом з урядом України з питань реформування системи охорони здоров'я та підтримуючи реагування України на коронавірус (COVID-19). Раніше вона працювала у штаб-квартирі ВООЗ у Женеві, де зосередилася на фіскальному просторі для охорони здоров'я, бюджетних реформах та способах виплат для надавачів у таких країнах, як Вірменія, Перу та Танзанія. До навчання в докторантурі Далє працювала у відділі аналізу політики охорони здоров'я при Міністерстві охорони здоров'я Киргизстану, надаючи підтримку фінансовому управлінню та проводила оперативні дослідження щодо реформ системи охорони здоров'я в країні. Далє має ступінь доктора філософії, який вона отримала в Школі громадського здоров'я Джона Хопкінса (США). Її дисертація була зосереджена на мотивації медичних працівників, якості медичної допомоги та фінансуванні на основі ставки за позитивні результати в Афганістані, де вона проводила дослідження між 2010 та 2013 рр.

Юрій Джигир—консультант Світового банку, який працює в Києві, Україна. Він бере участь у поточних програмах Світового банку у сфері охорони здоров'я та соціального захисту, надаючи технічні знання, діагностичний аналіз та допомогу у виробленні рекомендацій щодо політики. Його остання робота була зосереджена на оцінці прогресу та розробці варіантів посилення реформи фінансування охорони здоров'я в Україні, врахуванні уроків пандемії коронавірус (COVID-19) та розробці системи стійкості для розвитку людського капіталу України в сферах охорони здоров'я та соціального захисту. Досвід Джигира полягає в управлінні державними фінансами, політиці державних витрат у секторі людського розвитку та фіскальної децентралізації. До приєднання до Світового банку Джигир був заступником міністра фінансів України, відповідальним за державні видатки на програми розвитку людського капіталу. Він був частиною команди, яка працювала над розробкою реформи фінансування охорони здоров'я в Україні у 2016–2017 р. Його досвід включає надання консультацій з питань державних фінансів та децентралізованого управління видатками урядам України, країн Західних Балкан, Центральної Азії та Східної Азії та Океанії. Джигир має ступінь магістра економіки, який він отримав у Школі Максвелла Сіракузького університету (США), бакалавра економіки та політології Національного університету «Києво-Могилянська академія» (Україна), а також з післядипломну освіту макроекономіки управління боргом державного сектору, фінансового розвитку та фінансової інклюзії, фінансування системи охорони здоров'я, епідеміології та громадського здоров'я.

Олена Дорошенко—старший економіст у сфері охорони здоров'я в Київському представництві Світового банку, Україна. Вона керує програмами в Білорусі та Україні, підтримуючи розвиток систем охорони здоров'я країни через інвестиційні проекти та технічну допомогу, а також підтримує команди, які працюють в інших країнах Центральної Азії та Європи. В Україні вона координує великі проекти з модернізації системи охорони здоров'я та операції з екстреного реагування на коронавірус (COVID-19), які допомогли країні здійснити історичні реформи охорони здоров'я, розвинути первинну медичну допомогу та модернізувати надання невідкладної допомоги під час пандемії. Дорошенко також керує наданням технічної допомоги органам влади, яка охоплює фінансування охорони здоров'я, діяльність у сфері охорони здоров'я, психічне здоров'я, реформування лікарень, системи е-здоров'я та телемедицини на додачу до інших важливих аспектів модернізації системи охорони здоров'я. Вона має ступінь магістра з політики, економіки та менеджменту в галузі охорони здоров'я, який вона отримала в Маастрихтському університеті (Нідерланди) і доктора філософії з державного управління, отриманий в Національній академії державного управління (Україна).

Ольга Зусь—старший економіст у сфері охорони здоров'я в Abt Associates у Великобританії. Вона має понад 20-річний досвід роботи у сфері міжнародного розвитку як економіст у сфері охорони здоров'я, технічний директор та керівник проектів зі зміцнення системи охорони здоров'я в Азербайджані, Гані, Казахстані, Киргизькій Республіці, Таджикистані, Туркменістані, Україні та Узбекистані. Її технічний досвід включає розробку та впровадження комплексних стратегій реформ для зміцнення систем охорони здоров'я, розробку послуг для переходу до універсального охоплення медичними послугами, заходи щодо підтримки підвищення ефективності та покращення надання послуг, інноваційні механізми оплати, стратегії стійкості та інституційний розвиток. Протягом 2018–2020 р. Зусь працювала у Всесвітній організації охорони здоров'я та підтримувала Міністерство охорони здоров'я України та Національну службу здоров'я України у впровадженні реформи медичних закупівель. Вона має великий досвід роботи з партнерами з розвитку та національними урядами.

Олександр Кацага є міжнародним консультантом ВООЗ у сфері фінансування охорони здоров'я та інформаційних систем охорони здоров'я та працює в Торонто, Канада. Він підтримує Міністерство охорони здоров'я України та Національну службу здоров'я України у впровадженні реформи закупівель охорони здоров'я та розробці Програми медичних гарантій в Україні. Кацага працював у різних міжнародних організаціях (включаючи Європейський Союз, Агентство США з міжнародного розвитку та Світовий банк) в Африці, Центральній Азії, Східній Європі та Латинській Америці та брав участь у розробці великомасштабних політичних стратегій у сфері охорони здоров'я та програми реформ і методів оплати послуг надавачам медичної допомоги. Він також проводив навчальні програми для різних рівнів управління охороною здоров'я. Кацага брав участь у розробці проектів аналізу витрат у лікарняному секторі в кількох країнах і використовує передові аналітичні навички та технології бізнес-аналітики у своїй роботі, включаючи моделювання різних сценаріїв реформ і можливих управлінських і політичних рішень. Він є автором або співавтором численних публікацій та наукових статей, присвячених методам фінансування, розвитку систем моніторингу та іншим питанням, пов'язаним з реформуванням систем охорони здоров'я в кількох країнах.

Катерина Майнзюк—консультант Світового банку, яка працює в Києві, Україна, надаючи технічний аналіз та консультації державним партнерам та партнерам з розвитку у сфері фінансування охорони здоров'я та людського розвитку. Вона внесла внесок у поточну роботу Світового банку щодо подальшої реформи фінансування охорони здоров'я в Україні, перегляду державних видатків на охорону здоров'я та посилення стійкості систем розвитку людського капіталу в Україні. Експертиза Майнзюк—це управління державними фінансами, фінансування охорони здоров'я та соціальна політика, а також фіскальна децентралізація. Перед тим, як приєднатися до Світового банку, Майнзюк працювала консультантом з реформування державних фінансів, консультуючи урядових партнерів в Україні, Західних Балканах, Центральній Азії та Східній Азії та Океанії. В Україні вона консультувала Міністерство охорони здоров'я щодо розробки реформи фінансування охорони здоров'я в країні та співпрацювала з Міністерством фінансів для посилення управління державними видатками та ефективності витрат у програмах розвитку людського капіталу. Має ступінь магістра з досліджень розвитку (спеціалізація з економіки) у Лондонській школі економіки та політології (Великобританія) та бакалавра з економіки (з додатковою спеціалізацією з соціології), якого вона отримала у Національному університеті «Києво-Могилянська академія» (Україна).

Христина Пак—консультант Світового банку зі Львова, Україна. Вона приєдналася до команди Світового банку після успішної технічної реалізації регіонального субпроекту зі скринінгу молочних залоз і шийки матки в рамках проекту «Поліпшення охорони здоров'я на службі у людей». До того, як приєднатися до Світового банку, Пак більше 10 років працювала в міській адміністрації, керуючи економічним напрямком як заступник начальника відділу та керівник відділу аналізу та стратегічного планування, який охоплював основні види діяльності міської адміністрації, такі як бюджетування, планування, інвестування, регулювання, місцеві податки, стратегії, ефективна діяльність різних відомств, комунальних підприємств та місцевих представників центральних органів влади. Вона також тісно співпрацювала з проектами Європейського Союзу в галузі енергоефективності як експерт з фінансів та з неурядовими організаціями як консультант з питань місцевого бюджету. Протягом останніх 7 років основна сфера діяльності Пак була пов'язана із сектором охорони здоров'я. Має ступінь магістра охорони здоров'я, отриманий в Ужгородському національному університеті (Україна), магістра міжнародної економіки та бакалавра економіки підприємств НУ «Львівська політехніка», а також юридичного факультету Львівського національного університету імені Івана Франка.

Ярно Хабіхт є представником Всесвітньої організації охорони здоров'я (ВООЗ) і з листопада 2018 р. очолює український офіс. Раніше він був представником ВООЗ і головою представництва в Киргизькій Республіці (2015–2018) та в Молдові (2011–2015). Він працює у ВООЗ з 2003 р. на національному рівні та бере участь у міжнародних ініціативах щодо систем охорони здоров'я та громадського здоров'я. Хабіхт працював спеціалістом у сфері охорони здоров'я в Естонському фонді медичного страхування, а раніше був консультантом у різних проектах у сфері охорони здоров'я та інформаційних ініціативах Департаменту громадського здоров'я Естонії (Тартуський університет) та Міністерства соціальних справ та інших. Він є автором близько 50 рецензованих журнальних статей і книг. Хабіхт має ступінь доктора медицини та доктора філософії в медицині, які він отримав у Тартуському університеті (Естонія).

Лорейн Хоукінс є технічним експертом-консультантом з питань фінансування охорони здоров'я, систем охорони здоров'я, управління та зв'язку між системою охорони здоров'я та управління державними фінансами для Європейського регіонального бюро Всесвітньої організації охорони здоров'я (ВООЗ) та Українського представництва ВООЗ і базується в Лондоні, Великобританія. Зараз вона працює над підтримкою ВООЗ Національної служби здоров'я України та Міністерства охорони здоров'я України, зосереджуючись на розробці та адаптації Програми медичних гарантій, децентралізації та охорони здоров'я, а також управління державними фінансами та охороною здоров'я. Вона працює на аналогічній посаді в ВООЗ в Узбекистані. Хоукінс є директором фонду the Health Foundation, аналітичного центру з питань політики охорони здоров'я у Великобританії. Протягом останніх 25 років вона працювала на тій самій посаді у ВООЗ та як провідний спеціаліст із охорони здоров'я Світового банку в країнах Балтії, Вірменії, Азербайджані, Арабській Республіці Єгипет, Грузії, Киргизькій Республіці, Румунії та на Філіппінах. Вона працювала в системах охорони здоров'я в постконфліктних умовах у Світовому банку в Афганістані, Боснії і Герцеговині, Косово, Лівані, Північній Македонії та Сербії, а також у Дитячому фонді Організації Об'єднаних Націй у Камбоджі та Лаоській Народно-Демократичній Республіці. Вона була головним аналітиком Національної служби охорони здоров'я Англії з 2014 по 2016 р. Хокінс має ступінь MPA з економіки та державної політики, отриманий у Прінстонському університеті (США) і ступінь бакалавра медичних наук і філософії, які вона отримала в Університеті Отаго (Нова Зеландія).

Резюме

Цей звіт пропонує огляд прогресу реалізації реформи фінансування системи охорони здоров'я в Україні, зокрема фінансування, закупівлі та управління Програмою медичних гарантій (ПМГ). Кульмінацією реформи системи охорони здоров'я, ініційованої в 2015 р., став Закон України «Про державні фінансові гарантії медичного обслуговування населення», яким було визначено гарантований пакет медичних послуг—ПМГ—для всіх українців і створено Національну службу здоров'я України (НСЗУ) як стратегічного закупівельника медичних послуг цієї програми. Передбачалося, що з часом ПМГ буде розширюватися і зрештою охопить усі види медичної допомоги, а фінансування охорони здоров'я перейде від кошторисного фінансування до методів фінансування, орієнтованих на результат, що забезпечить краще узгодження медичних послуг, що надаються, з потребами пацієнтів. У 2019 р. в спільному звіті Всесвітньої організації охорони здоров'я (ВООЗ) та Світового банку було здійснено огляд прогресу реформи з 2017 р. Відтоді відбулося багато важливих подій, включаючи шоковий спалах COVID-19, які зумовили необхідність проведення нової оцінки поточного стану справ і можливих майбутніх напрямів розвитку.

Величезного прогресу було досягнуто в контексті консолідації розпорошених джерел державного фінансування системи охорони здоров'я в межах однієї програми—ПМГ. На кінець 2020 р. 68 відсотків сукупних державних видатків на охорону здоров'я було консолідовано в рамках ПМГ. Проте, органи місцевого самоврядування (ОМС) досі відіграють важливу роль у фінансуванні, оскільки вони відповідають за оплату комунальних послуг закладів охорони здоров'я, власниками яких вони є, а також можуть надавати додаткові ресурси для фінансування поточних і капітальних витрат. Оскільки наявні ресурси, а також готовність спрямовувати їх на охорону здоров'я значно відрізняються в різних громадах, фінансування на рівні ОМС також є джерелом нерівності. Для зменшення нерівності уряд міг би розглянути включення вартості комунальних послуг закладів охорони здоров'я до ПМГ. Крім того, фінансування медичних закладів четвертинної ланки медичної допомоги можна було би інтегрувати до ПМГ.

ПМГ має потенціал зменшити катастрофічні витрати на охорону здоров'я «з кишені» пацієнтів, але для цього необхідне уточнення пакетів медичних послуг, а також додаткові ресурси для їх надання. Катастрофічні витрати на охорону здоров'я, які мають місце, якщо домогосподарство витрачає на послуги охорони здоров'я більше 10 відсотків від загального обсягу споживання, пов'язані, як правило, з отриманням стаціонарної медичної допомоги. З 2020 р. стаціонарну медичну допомогу було включено до ПМГ, що, по суті, означає, що вона надається безкоштовно в законтрактованих медичних закладах. Однак, політичний і технічний процеси розробки, розширення, бюджетування та затвердження пакетів медичних послуг по ПМГ визначені надто загально і не є повністю прозорими. Як наслідок, ПМГ не може надаватися належним чином у рамках поточних бюджетних обмежень. Наприклад, у 2021 р. Міністерство охорони здоров'я України (МОЗ) та НСЗУ подавали запит на втричі більше фінансування, аніж те, яке було зрештою надане для ПМГ.

Оскільки пакет гарантованих медичних послуг населенню, поки що не профінансований у повному обсязі, медичні послуги нормуються в медичних закладах (або оплачуються неформально). З шести можливих шляхів збільшення фінансування ПМГ, розглянутих у цьому звіті,—збільшення податків, перегляд пріоритетів державних видатків на користь охорони здоров'я, перегляд пріоритетів видатків усередині сектору охорони здоров'я, підвищення ефективності сектору охорони здоров'я, об'єднання окремих видатків місцевих бюджетів у межах ПМГ, запровадження дольової участі у витратах—найбільший потенціал має варіант реформ, які забезпечать підвищення ефективності сектору охорони здоров'я. Реформи, спрямовані на підвищення ефективності, включають в себе зменшення надмірного використання дороговартісної стаціонарної медичної допомоги, посилення ролі первинної медичної допомоги (ПМД), а також перехід до методів оплати, які краще стимулюють ефективне використання ресурсів.

У 2020 р. ПМГ було розширено до 31 пакету медичних послуг, включаючи 4 нових пакети, розроблених для надання медичних послуг пацієнтам з COVID-19. Пакети спеціалізованої медичної допомоги включали в себе медичну допомогу, яка надається лікарнями (стаціонарно та амбулаторно), клініко-діагностичними центрами, спеціалізованими однопрофільними амбулаторними клініками, а також екстрену медичну допомогу. У відповідь на пандемію COVID-19 у середині 2020 р. до ПМГ було включено чотири пакети медичних послуг, які охоплювали тестування мобільними бригадами, екстрену медичну допомогу на догоспітальному етапі, стаціонарну медичну допомогу, а також доплату до заробітної плати за роботу з пацієнтами з COVID-19. У 2021 р. було додано окремий пакет вакцинації проти COVID-19. Хоча наразі ПМГ визначає обсяг і тарифи для своїх пакетів чіткіше, аніж у 2020 р., все ж деякі пакети медичних послуг досі не визначено з необхідною чіткістю.

Система закупівель ПМД, яка засновується на оплаті законтрактованим надавачам медичних послуг на основі капітаційної ставки з урахуванням коригувальних коефіцієнтів залежно від вікової групи, виявилася ефективною та стійкою. Розвиток цієї системи продовжується. Укладання декларацій із законтрактованими надавачами ПМД триває і вже охоплює понад 70 відсотків населення. Також зросла участь приватних надавачів; наразі вони становлять майже третину з 1 696 надавачів ПМД в Україні. Завдяки використанню цифрових технологій було запроваджено електронні направлення для пацієнтів, які потребують не-екстреної спеціалізованої медичної допомоги, а в рамках Програми «Доступні ліки» (ПДЛ) застосовуються електронні рецепти. У 2021 р. до пакетів медичних послуг ПМГ було включено додаткові послуги (які охоплювали туберкульоз (ТБ), психічне здоров'я та вакцинацію від COVID-19), а також запроваджено доплати за результат на основі вибраних індикаторів якості. ПДЛ, яку наразі включено до ПМГ і адмініструванням якої займається НСЗУ, надає

2,8 мільйонам українців доступ до ліків без оплати або з незначною співоплатою (через пряме відшкодування законтрактованим аптекам у межах ПМГ). Існує потенціал для збільшення кількості видів лікарських засобів, включених до ПДЛ, але першочерговим завданням має бути усунення географічної нерівності доступу, зумовленої тим, що в окремих місцевостях є дуже мало аптек, які беруть участь у цій Програмі.

Запровадження нових підходів до оплати стаціонарної медичної допомоги забезпечило величезний досвід, на який Україна повинна спиратися. Надавачі стаціонарної медичної допомоги наразі контрактуються так само, як і надавачі ПМД, що означає, що фінансування можуть отримати лише ті заклади, які відповідають умовам контрактування (персонал, оснащення, інфраструктура, а також готовність надавати медичні послуги відповідно до протоколів, затверджених для кожного пакета медичних послуг у межах ПМГ). Фінансування на основі глобальної ставки (прив'язане до індикаторів результативності, кількості захворювань та спроможності надавачів) було використане для закупівлі 81 відсотка спеціалізованих медичних послуг за ПМГ у 2020 р. (67 відсотків загального бюджету ПМГ). Для окремих діагностичних та лікувальних процедур застосовується ставка на медичну послугу. З березня 2020 р. було запроваджено оплату за пролікований випадок (на основі діагностично-споріднених груп (ДСГ) для чотирьох видів медичної допомоги: допомога при гострому мозковому інсульті, гострому інфаркті міокарду, пологах та медична допомога новонародженим у складних неонатальних випадках. Ці оплати становили 8,1 відсотка від фінансування ПМГ у 2020 р. Оплату за пролікований випадок планувалося запровадити для всього обсягу стаціонарної медичної допомоги в березні 2020 р., але через тиск пандемії COVID-19 і зумовлену нею невизначеність, повноцінне запровадження було відтерміновано; запровадження відновилося в квітні 2021 р. До її запровадження лікарні звітували НСЗУ про випадки з використанням ДСГ, що є важливим елементом впровадження оплати за пролікований випадок.

Управлінські механізми ПМГ потребують зміцнення. Першочергове значення мають п'ять аспектів управління—автономія закупівельного органу, чіткість ролей і методології, ефективна міжвідомча координація, зовнішня підзвітність і внутрішній контроль. Щоб забезпечити ефективне функціонування та співробітництво, необхідно деталізувати ролі та процеси всіх органів та установ, залучених до реалізації ПМГ як на національному (МОЗ, НСЗУ, Міністерство фінансів України (Мінфін) та Кабінет Міністрів України (Кабмін)), так і на регіональному рівнях (міжрегіональні департаменти НСЗУ, місцеві адміністрації, а також ради госпітальних округів). Крім того, важливо підкріпити нещодавнє перетворення закладів охорони здоров'я на незалежні підприємства додатковими законодавчими нормативно-правовими актами, спрямованими на вдосконалення внутрішнього управління та зовнішньої підзвітності. Передумовою для вдосконалення урядування є належна забезпеченість МОЗ та НСЗУ, а також установ, перед якими вони підзвітні, персоналом, інформаційними технологіями та іншими ресурсами.

Одночасне вдосконалення системи охорони здоров'я в різних напрямах сприяло реалізації ПМГ. Було визначено опорні медичні заклади, які формуватимуть частину Спроможної мережі, де будуть концентруватися реформи надання медичних послуг, закладаючи фундамент для підвищення ефективності надання медичних послуг. Було продовжено розробку електронної системи охорони здоров'я, яка тепер охоплює електронні медичні записи та електронні направлення, що забезпечує потенціал для кращої координації маршрутів пацієнтів. Розвиток електронної системи охорони здоров'я та системи подання даних для проведення виплат надали би НСЗУ змогу краще розуміти поведінку надавачів медичних послуг і пацієнтів і здійснювати моніторинг медичних записів для виявлення потенційного шахрайства. Збереження узгодженості реформи фінансування системи охорони здоров'я та інших секторальних політик матиме важливе значення для розробки Україною нового довгострокового стратегічного бачення системи універсального покриття в охороні здоров'я. Для такого бачення необхідні чітко визначена модель надання медичних послуг і гарантований пакет, що відповідатиме потребам населення, при цьому механізми фінансування та закупівлі послуг повинні підтримувати це бачення.

Цей звіт пропонує рекомендації в трьох сферах, які можна резюмувати наступним чином:

1. Удосконалення фінансування пакетів медичних послуг ПМГ

- Уточнити політичний і технічний процеси розробки, розширення та затвердження пакетів медичних послуг ПМГ, щоб зробити їх більш зрозумілими, прозорими та орієнтованими на співучасть.
- Збільшити державні видатки на охорону здоров'я відповідно до економічного зростання та збільшення обсягу загальних бюджетних видатків з метою реалізації цілей ПМГ, спрямованих на покриття медичними послугами та фінансовий захист.
- Забезпечити повне дотримання дорожньої карти поточної податкової реформи, зокрема дорожньої карти щодо акцизного податку на тютюнові вироби, що передбачає його поступове підвищення відповідно до Угоди про асоціацію між Україною та ЄС.
- Підвищити ефективність видатків шляхом прискорення оптимізації розміру медичних закладів та раціоналізації мережі, поступового запровадження оплати за пролікований випадок, а також шляхом посилення ролі і кращої інтеграції ПМД.
- Розглянути передачу відповідальності за фінансування комунальних послуг від ОМС до бюджету ПМГ з метою зменшення неефективності, стимулювання принципу «гроші йдуть за пацієнтом» та зменшення нерівності між надавачами медичних послуг.
- Підготувати довгострокову стратегію фінансування системи охорони здоров'я, що включатиме бачення щодо розширення програми медичних гарантій та її фінансування, а також комплементарних політик на 10-річний період.

2. Покращення закупівель послуг ПМГ
Первинна медична допомога

- Визначити та затвердити довгострокове стратегічне бачення для ПМД з чітко визначеною моделлю надання медичних послуг, що відповідатиме потребам населення, а також механізмами закупівлі послуг для підтримки цього бачення.
- Запровадити стандартизовані клінічні протоколи, обов'язкові для використання в межах ПМГ на рівні ПМД, починаючи з пріоритетних станів (таких як основні неінфекційні захворювання).
- Прискорити застосування цифрових технологій у системі охорони здоров'я для широкого спектру застосувань—від подальшої розробки архітектури системи е-здоров'я до впровадження телемедицини.
- Запровадити систему моніторингу ефективності для ПМД для вимірювання ефективності різних закладів охорони здоров'я, а також ефективності в

одному закладі в різний час з метою покращення підзвітності за надання якісних медичних послуг.

ПДЛ

- Актуалізувати Національний перелік основних лікарських засобів (НПОЛЗ), на якому ґрунтується ПДЛ, щоб забезпечити узгодженість лікарських засобів, включених до Переліку, з сучасними клінічними протоколами, а також їхню економічну ефективність.
- Оцінити компроміси між включенням більшої кількості станів і лікарських засобів до ПДЛ і забезпеченням достатнього фінансування для менш дороговартісних та економічно ефективніших лікарських засобів (з наданням пріоритету останнім).
- Стимулювати розширення мережі аптек, законтрактованих для реалізації ПДЛ, у регіонах з недостатньою кількістю таких аптек, а також у відповідних місцевостях окремих регіонів з метою зменшення географічного дисбалансу.
- Вивчити потенціал НСЗУ в контексті моніторингу процесу виписування ліків за допомогою системи е-рецептів та е-здоров'я не тільки з метою виявлення шахрайства, а й для покращення клінічної доцільності призначеного лікування.

Спеціалізована амбулаторна, догоспітальна екстрена та стаціонарна медична допомога

- Більш чітко визначити пакети послуг ПМГ та продовжувати деталізацію 131 діагностично-спорідненої групи за українською системою (УДСГ), які застосовуються для оплати за ці послуги, з метою посилення клінічної гомогенності, а також однорідності витрат, що зменшить фінансові ризики для надавачів медичних послуг.
- Сформулювати чіткий план переходу до оплати за ДСГ, який забезпечить закладам охорони здоров'я необхідний час для адаптації та захист від надмірного фінансового ризику.
- Замінити однорічне та вибіркове контрактування, при якому надавачі можуть обирати, які пакети медичних послуг вони надаватимуть, багаторічними комплексними договорами для забезпечення справедливого доступу до всіх послуг ПМГ.
- Переглянути План спроможної мережі для забезпечення більшої прозорості методології відбору закладів охорони здоров'я, яка узгоджувала би критерії включення з принципами політики.
- Продовжувати нарощування використання даних НСЗУ для прийняття рішень не лише в контексті аналізу заяв на виплати і виявлення шахрайства, а й для вироблення політики.

3. Удосконалення управління медичними послугами ПМГ

- Створити комітет Кабміну для сприяння координації та забезпечення консенсусу між Мінфіном, МОЗ, НСЗУ та іншими міністерствами щодо обсягів, бюджету і тарифів ПМГ.
- Розглянути як складову ширшої реформи державного управління в контексті моніторингу, орієнтованого на результат, пілотування механізму звітування перед Кабміном щодо результатів діяльності НСЗУ.
- Розробити організаційну стратегію НСЗУ з цілями та показниками ефективності, узгоджену зі стратегією фінансування системи охорони здоров'я.

- Створити в структурі МОЗ невеликий постійний підрозділ, що матиме технічну експертизу у сфері політики фінансування системи охорони здоров'я, щоб забезпечити МОЗ можливість краще виконувати свої функції з нагляду та управління по відношенню до НСЗУ.
- Детальніше специфікувати функції та процедури Ради громадського контролю (РГК) в контексті механізмів управління НСЗУ, включаючи інформацію та звіти, які НСЗУ повинна надавати для РГК.

Список скорочень

БА	бронхіальна астма
ВВП	валовий внутрішній продукт
ВІЛ	вірус імунодефіциту людини
ВООЗ	Всесвітня організація охорони здоров'я
ДСГ	діагностично-споріднена група
ЄС	Європейський Союз
Кабмін	Кабінет Міністрів України
Мінфін	Міністерство фінансів України
МНН	міжнародна непатентована назва
МОЗ	Міністерство охорони здоров'я України
НІЗ	неінфекційні захворювання
НІГЗ	Норвезький інститут громадського здоров'я
НПОЛЗ	Національний перелік основних лікарських засобів
НСЗУ	Національна служба здоров'я України
ОЕСР	Організація економічного співробітництва та розвитку
ОМС	орган місцевого самоврядування
ОМТ	оцінка медичних технологій
ПДЛ	Програма «Доступні ліки»
ПМГ	Програма медичних гарантій
ПМД	первинна медична допомога
РГК	Рада громадського контролю
ССЗ	серцево-судинні захворювання
СТП	середня тривалість перебування
ТБ	туберкульоз
УДСГ	українська діагностично-споріднена група
ЦД 2 типу	цукровий діабет 2 типу

1 Вступ

У 2015 р. український уряд ініціював трансформаційну реформу системи охорони здоров'я, метою якої було поліпшення показників здоров'я населення та забезпечення фінансового захисту від надмірних витрат на охорону здоров'я «з кишені» пацієнтів. Реформа повинна була впроваджуватися шляхом модернізації та інтеграції системи надання послуг, запровадження змін до механізмів оплати надавачам медичних послуг, які б стимулювали ефективність, а також шляхом покращення якості медичних послуг. Кульмінацією реформи став новий закон про фінансування системи охорони здоров'я—Закон України «Про державні фінансові гарантії медичного обслуговування населення» 2017 р.,—яким було запроваджено гарантований пакет медичних послуг під назвою Програма медичних гарантій (ПМГ) і створено Національну службу здоров'я України (НСЗУ) в ролі стратегічного закупівельника послуг для цієї програми. Передбачалося, що з часом ПМГ буде розширюватися і зрештою охопить всі види медичної допомоги, а фінансування охорони здоров'я перейде від кошторисного фінансування до методів фінансування, орієнтованих на результат, що забезпечить краще узгодження надаваних медичних послуг з потребами пацієнтів.

У 2019 р. Всесвітня організація охорони здоров'я (ВООЗ) та Світовий банк опублікували звіт з оглядом реформи. У звіті було узагальнено прогрес реформи з 2017 р., висвітлено здобутки, визначено виклики та надано рекомендації щодо подолання цих викликів. Звіт охоплював п'ять напрямів: урядування; фінансування (фіскальний простір, збір доходів, механізми об'єднання фінансових ресурсів); стратегічні закупівлі медичних послуг на рівні первинної медичної допомоги (ПМД); підготовка до стратегічних закупівель на рівні закладів охорони здоров'я; розробка гарантованого пакету медичних послуг.

За два роки, що минули відтоді, відбувся значний прогрес у впровадженні реформи фінансування системи охорони здоров'я, тому настав час здійснити новий огляд поточного стану справ і можливих майбутніх напрямів. За останні два роки можна відзначити численні важливі досягнення як у контексті інституційної реформи, так і в контексті розширення доступу до медичної допомоги. Кількість укладених декларацій з лікарями, які надають первинну медичну допомогу, зросла і охоплює більше 70 відсотків населення. Програму «Доступні ліки» (ПДЛ) було включено до ПМГ, а її адмініструванням наразі займається НСЗУ; уже приблизно 2,8 мільйона українців отримали доступ до ліків через цю програму. Обсяг ПМГ було розширено—до ПМГ було включено спеціалізовану та екстрену медичну допомогу, а також, починаючи з середини 2021 р., туберкульоз (ТБ), психічне здоров'я та вакцинацію від COVID-19. Було запроваджено реформу оплати стаціонарної медичної допомоги, а також розпочалося звітування щодо пролікованих випадків на основі діагностично-споріднених груп (ДСГ) у рамках підготовки до оплати за ДСГ. Електронна система охорони здоров'я стала більш потужною і тепер включає в себе електронні медичні записи та електронні направлення. Було визначено опорні медичні заклади, які формуватимуть частину Спроможної мережі,[1] де будуть концентруватися реформи надання медичних послуг.

Пандемія COVID-19 зумовила необхідність коригування існуючих рівнів і механізмів фінансування системи охорони здоров'я. Ці коригування включають запровадження нових пакетів послуг для лікування, тестування, вакцинації та екстреної медичної допомоги у зв'язку з COVID-19, а також короткострокові доплати до заробітної плати для працівників медичних закладів, визначених для надання допомоги хворим на COVID-19. Через пандемію також було відтерміновано впровадження деяких аспектів реформи фінансування системи охорони здоров'я, зокрема очікуваного переходу до оплати за пролікований випадок.

Цей звіт пропонує комплексний опис та оцінку розробки та реалізації політики в контексті реформи ПМГ за період від початку реформи в 2017 р. до середини 2021 р. У звіті розглянуто: (і) як фінансується ПМГ (рівні, тенденції, бюджетні процеси, шляхи збільшення фінансування); (іі) механізми управління для ПМГ; а також (ііі) стратегічні закупівлі окремих компонентів для пакету послуг ПМГ (ПМД, лікарські засоби, спеціалізована [екстрена, стаціонарна та амбулаторна] медична допомога). У звіті проаналізовано зміни в пакетах послуг, механізми контрактування, платежі, комплементарні допоміжні реформи, а також переваги цієї програми для населення. У звіті ці явища розглянуто в контексті ширших дискусій щодо фінансування та організації системи охорони здоров'я в Україні для того, щоб забезпечити зрозумілість ключових аспектів реформи фінансування та їхньої важливості для української та міжнародної аудиторії. Адаптація сектору охорони здоров'я з метою протидії COVID-19 виступає при цьому наскрізним мотивом. Кожен розділ завершується набором рекомендацій.

ФІНАНСУВАННЯ ПАКЕТІВ МЕДИЧНИХ ПОСЛУГ ЗА ПМГ

Реформа системи охорони здоров'я 2017 р. запровадила об'єднання більшості державних видатків на охорону здоров'я в рамках єдиної централізованої програми—ПМГ, адміністрування якої здійснює НСЗУ,—та забезпечила надання безоплатної медичної допомоги населенню через законтрактовані заклади охорони здоров'я. ПМГ перетворила передбачене в Конституції абстрактне право на безоплатну медичну допомогу для всіх на гарантію чітко визначену пакетом медичних послуг. Це зменшило фрагментацію фінансування системи охорони здоров'я та перенесло відповідальність за державні видатки з сотень органів місцевого самоврядування (ОМС), які раніше були відповідальними за більшість операційних видатків, на рівень національного уряду. ОМС зберігають відповідальність за видатки на комунальні послуги місцевих закладів охорони здоров'я. Вони також мають можливість направляти додаткові кошти до операційних бюджетів таких закладів. Ця опція забезпечує медичним закладам «подушку безпеки» на випадок потенційного дефіциту надходжень, але послаблює стимули медичним закладам ставати більш ефективними, що зрештою сприяє посиленню горизонтальної нерівності у сфері фінансування системи охорони здоров'я.

Фінансування ПМГ: рівні, тенденції та бюджетний процес

Станом на кінець 2020 р. 68 відсотків консолідованих державних видатків на охорону здоров'я припадало на ПМГ. Близько 53 відсотки від сукупної суми видатків було об'єднано в межах ПМГ і профінансовано урядом; 9 відсотків було сплачено ОМС для покриття послуг спеціалізованої та екстреної медичної допомоги протягом першого кварталу 2020 р., до того як ці послуги було включено до ПМГ; 6 відсотків було витрачено ОМС на капітальні інвестиції; ще 6 відсотків було витрачено ОМС для оплати комунальних послуг пов'язаних із ПМГ (Рисунок 1.1). ПМГ буде і далі розширюватися в міру того, як до неї включаються все більш високоспеціалізовані медичні послуги, а для фінансування урядом та ОМС залишаються переважно профілактичні, адміністративні та дослідницькі функції.[2]

ПМГ було запроваджено з метою забезпечення рівного доступу до медичних послуг і фінансового захисту від витрат громадян на медичну допомогу, які в Україні традиційно були дуже високими. Українці стикаються з великими витратами «з власної кишені» на охорону здоров'я, які зросли з 38,0 відсотків від

РИСУНОК 1.1

Зведені видатки на охорону здоров'я: ПМГ, Центральні, та Місцеві—план на 2020 р., червень 2020 р.

Джерело: Державна казначейська служба України.
Примітки: МОЗ = Міністерство охорони здоров'я; Мінсоц = Міністерство соціальної політики; НАН = Національна академія наук; ПМГ = Програма медичних гарантій; Спа = заклади, що надають послуги спа, які включають елемент охорони здоров'я для підтримки процесу лікування та реабілітації пацієнтів.

загальних витрат на охорону здоров'я в 2005 р. до 49,3 відсотка в 2018 р. Цей показник значно перевищує середнє значення інших країн з нижчим середнім доходом (38,4 відсотка), хоча він подібний до середнього значення для країн з нижчим середнім доходом у Європейському регіоні[3] (50,6 відсотка) (Рисунок 1.2). Незважаючи на включення до ПМГ спеціалізованої медичної допомоги (переважно в стаціонарних умовах) у квітні 2020 р., ще занадто рано оцінювати її повний вплив на витрати «з кишені» пацієнтів. Однак, оскільки більшість витрат «з кишені» пацієнтів йде на лікарські засоби та вироби медичного призначення (74,9 відсотка в 2018 р., згідно з Національними рахунками охорони здоров'я, підготовленими Державною службою статистики України), розширення ПМГ у 2020 р. навряд чи матиме істотний вплив на сукупні витрати «з кишені» пацієнтів, хіба лише щодо лікарських засобів, які включені до пакетів стаціонарної медичної допомоги або можуть бути отримані в аптеках за ПДЛ.

ПМГ могла би допомогти зменшити частоту катастрофічних витрат «з кишені» пацієнтів, які переважно пов'язані з непередбачуваним та надмірним використанням послуг стаціонарної медичної допомоги. Частота випадків катастрофічних витрат зросла в Україні впродовж останніх десяти років. У період з 2010 по 2019 р. частка населення, яке витрачає на охорону здоров'я більше 10 відсотків від загального бюджету споживання, зросла з 6,9 до 7,8 відсотка, а частка домогосподарств, чиї витрати на охорону здоров'я перевищували нормативний поріг, який був розроблений та використовується для Європейського регіону ВООЗ, зросла з 11,5 відсотка до 16,7 відсотка.[4] Катастрофічні витрати переважною мірою сконцентровані в нижньому квінтилі споживання.

РИСУНОК 1.2

Витрати «з кишені» як частка витрат на охорону здоров'я в Україні та вибраних групах країн, 2000–2018 рр.

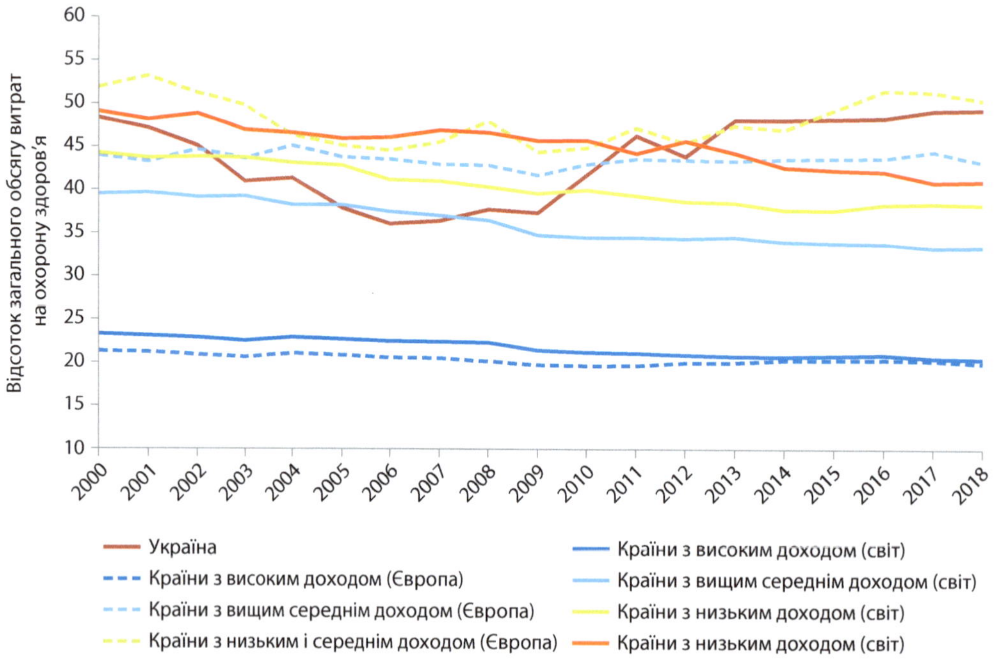

Джерела: Державна служба статистики України (для України); Індикатори світового розвитку; Глобальна база даних про витрати на охорону здоров'я.

Примітка: Середні значення для регіонів зважені на кількість населення.

ПМГ також потенційно може покрити велику незадоволену потребу в медичних послугах, яка зросла в 1,4 рази з 2009 р., вплинувши в середньому на 24,5 відсотка домогосподарств у 2017 та 2018 р., відповідно до даних Обстеження умов життя домогосподарств Державної служби статистики України.

Протягом останніх років політичні та технічні процеси визначення, актуалізації та бюджетування ПМГ характеризувалися зростанням частки дискреційних рішень і зменшенням прозорості. У 2020 р. Закон «Про державні фінансові гарантії медичного обслуговування населення» 2017 р. було переглянуто таким чином, що специфікація пакетів послуг за ПМГ (включаючи ціноутворення для послуг) більше не голосується і не затверджується парламентом (Верховною Радою) як частина щорічного Закону про Державний бюджет, а затверджується дискреційним рішенням Кабінету Міністрів України (Кабміном). Правила технічної розробки ПМГ дуже широкі, а методологія Міністерства охорони здоров'я України (МОЗ) щодо визначення та перегляду Пріоритетних напрямів розвитку сфери охорони здоров'я, на яких ґрунтується ПМГ, не була оприлюднена, що дає МОЗ широкі дискреційні можливості для визначення обсягу ПМГ та перешкоджає контролю за його рішеннями. Зокрема, процесам розрахунку витрат і цін для ПМГ бракує чітких і прозорих методологій.

Додатковим викликом є середньостроковий процес бюджетування на рівні уряду. Цей процес було запроваджено в 2018 р., але призупинено в 2020 р. Як наслідок, Кабінет Міністрів України (Кабмін) не затвердив запланований трирічний горизонт планування ПМГ. Можна було б сказати, що це рішення було адекватною відповіддю на пандемію, що забезпечило уряду гнучкість в умовах надзвичайно швидких змін поточної ситуації. Але це рішення також призвело до невизначеності щодо майбутнього планування пакетів послуг за ПМГ.

Для бюджету на 2021 р. МОЗ та НСЗУ подали запит на фінансування в розмірі 6 відсотків від валового внутрішнього продукту (ВВП), що майже втричі більше, аніж було передбачено для ПМГ в Держбюджеті на 2020 р. зі змінами. Хоча такий запит висував нереалістичні очікування до державного бюджету, він був показовим у контексті наміру продовжувати реалізацію переходу від фінансування, що орієнтується на пропозицію, до фінансування, що орієнтується на попит та «йде за пацієнтом», забезпечуючи з часом усе більший пакет гарантованих медичних послуг. У прийнятому Державному бюджеті на 2021 р. видатки НСЗУ на ПМГ було затверджено на рівні, що демонструє зростання на 2,3 відсотка порівняно із сумою, затвердженою в 2020 р.

Шляхи збільшення фінансування ПМГ

Надзвичайно важливо, щоб щорічні бюджетні асигнування на ПМГ були достатніми для забезпечення надання послуг, включених до ПМГ за законом; недостатність фінансування призведе до необхідності лімітування послуг, що підриватиме надані урядом гарантії щодо медичних послуг для населення України. Можна виділити шість шляхів пошуку ресурсів для розширення обсягу ПМГ, передбаченого як складова процесу реформи. Не всі з них видаються однаково ефективними в термінах здатності генерувати надходження, а деякі (наприклад, дольова участь у витратах) можуть містити ризики для цілей сектору охорони здоров'я щодо забезпечення доступу до медичних послуг і фінансового захисту. Всі шість шляхів пошуку ресурсів наведено нижче.

1. *Розширення обсягу бюджетних ресурсів за рахунок більш динамічного економічного зростання та збільшення податкових надходжень.* Прискорення темпів зростання та збільшення надходжень може бути потенційним

джерелом додаткових ресурсів для сектору охорони здоров'я. Щоправда, перспективи такого варіанту видаються обмеженими. У минулому проциклічна фіскальна політика в Україні призвела до накопичення значного макроекономічного дисбалансу, що спричинило необхідність реструктуризації боргу в 2015 р. Після тривалого періоду фіскальної консолідації дефіцит державного бюджету збільшився до 6 відсотків ВВП у 2020 р., значною мірою внаслідок бюджетних видатків у зв'язку з COVID-19, включаючи видатки на закупівлю лікарських засобів, збільшення заробітної плати для медичних працівників, а також доплати до пенсій. Потреби у фінансуванні державного бюджету України на 2021 р. оцінюються в розмірі 16% ВВП (порівняно з 15 відсотками в 2020 р.), частково через настання термінів погашення великих сум заборгованостей за минулими кредитами. Очікується, що тягар обслуговування зовнішнього державного боргу України у період 2020-2025 р. становитиме в середньому 10 мільярдів дол. США на рік—порівняно з менш ніж 6 мільярдами дол. США на рік протягом 2015–2019 р.[5] Також зростає тиск середньострокових видатків, пов'язаних із значним підвищенням мінімальної заробітної плати та пенсійних видатків. Потенційні зобов'язання бюджету є дуже значними, особливо в енергетичному секторі, і зрештою їх доведеться визнати. Крім того, з'явилися нові джерела фіскальних ризиків через гарантії, пов'язані з рівнем зростання ВВП, що потенційно можуть призвести до значних фіскальних витрат та перевищення первинного розміру списання боргів у разі, якщо буде перевищено певні порогові значення зростання. Існує певний простір для додаткових заходів мобілізації надходжень—наприклад, за рахунок удосконалення збору податків і мит або за рахунок спрямування оподаткування цукровмісних продуктів та тютюнових виробів на охорону здоров'я. Однак, Україна вже збирає значно більше податків, аніж її сусіди по регіону, протягом останніх п'яти років загальний обсяг збору податків становив у середньому 35 відсотків ВВП, порівняно із середнім значенням по регіону на рівні 22 відсотків. Такий рівень збору податків перевищує середній показник для країн з вищим середнім доходом і деяких країн з високим доходом у регіоні. Разом ці фактори свідчать про обмежений фіскальний простір у середньостроковій перспективі. Вони вимагатимуть суворого контролю за видатковим тиском та бюджетним дефіцитом для збереження сталої макрофіскальної траєкторії України.

2. *Перегляд пріоритетності секторів у межах наявного обсягу бюджетних ресурсів.* В умовах обмеженого обсягу бюджетних ресурсів іншою можливістю знайти ресурси для розширення ПМГ може бути перегляд пріоритетів державних видатків на користь охорони здоров'я. З 2014 р. частка видатків на охорону здоров'я в державному бюджеті зменшувалася. У період з 2007 по 2013 р. вона становила близько 12 відсотків, а потім зменшилася в 2016 р. до 9 відсотків і залишалася на цьому рівні до 2020 р. включно. У поєднанні зі скороченням загальних видатків держбюджету таке скорочення означало, що видатки на охорону здоров'я скоротилися до 3,2 відсотка ВВП у 2016 р. і залишилися на рівні близько 3 відсотків у наступні роки, включаючи початковий бюджет на 2020 р. (Рисунок 1.3). Зміни до державного бюджету на 2020 р., зумовлені пандемією COVID-19, збільшили частку бюджетних асигнувань на охорону здоров'я до 10,4 відсотка (4,2 відсотка ВВП), внаслідок чого частка видатків стала найбільшою з 2007 р. Додатково до цього, планом бюджету на 2021 р.[6] було збільшено державні видатки на охорону здоров'я, включаючи трансферти до місцевих бюджетів, до 12,1 відсотка від загальних видатків державного бюджету (3,6 відсотка ВВП).[7] Порівняння з країнами-членами

РИСУНОК 1.3

Видатки на охорону здоров'я як частка загальних державних видатків та ВВП, 2007–2020 рр.

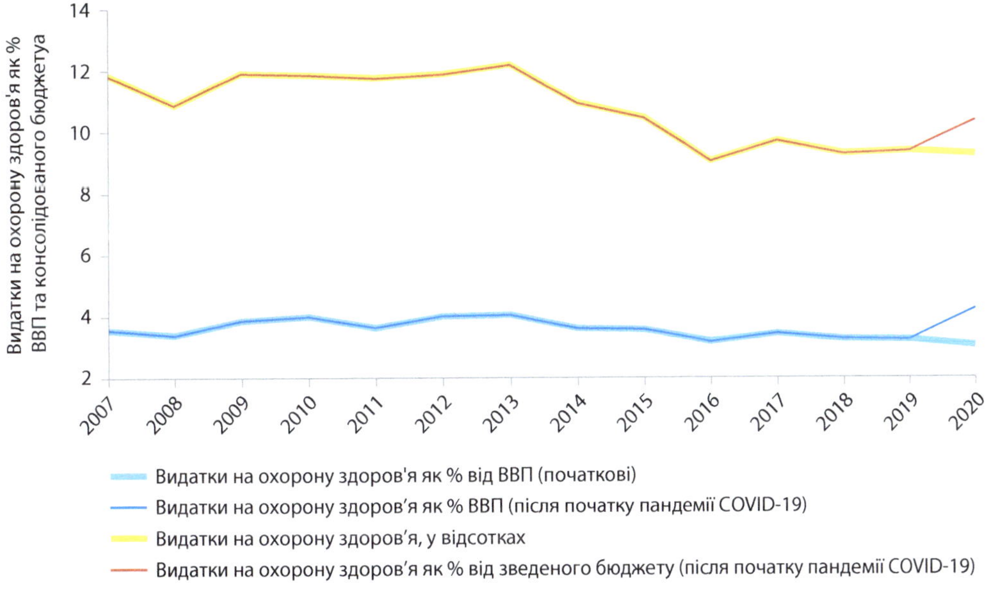

Джерела: Державна казначейська служба України; Державна служба статистики України.
Примітка: COVID-19= коронавірус (пандемія).

Організації економічного співробітництва та розвитку (ОЕСР) та Європейського Союзу (ЄС) показує, що все ще існує простір для збільшення частки державного бюджету, яка спрямовується на охорону здоров'я, оскільки частка державних видатків на охорону здоров'я в Україні станом на початок 2020 р. складала лише близько 40 відсотків від середнього показника для ОЕСР за 2019 р. (частково з огляду на те, що Україна спрямовує значно більшу частку бюджетних коштів на внутрішню безпеку, соціальний захист та освіту, аніж, у середньому, країни-члени ОЕСР). Частка витрат на охорону здоров'я в Україні відносно висока для країн з подібним рівнем доходу у світовому порівнянні (8,9 відсотка в Україні порівняно з 5,0 відсотка для всіх країн з нижчим середнім доходом); однак вона узгоджується з часткою видатків для країн з нижчим середнім доходом у Європейському регіоні (9,3 відсотка). Визначити наявність простору для подальшої пріоритизації охорони здоров'я в державному бюджеті можна було б шляхом проведення аналізу загальнодержавних видатків, який би визначив потреби у видатках для різних секторів, виявив випадки неефективності, а також оцінив можливості для розподілу ресурсів з урахуванням середньострокових макрофіскальних прогнозів.

3. *Перегляд пріоритетів у секторі охорони здоров'я.* Сектор охорони здоров'я повинен вирішити, який пріоритет надавати ПМГ порівняно з іншими програмами в галузі охорони здоров'я. Дуже малоймовірно, що інші програми в галузі охорони здоров'я вдасться значною мірою скоротити без негативних наслідків для здоров'я населення. Таким чином, розширення ПМГ за межі поточних 68 відсотків від консолідованого бюджету на охорону здоров'я, які витрачаються на оплату медичних послуг, що покриває ця програма, включаючи комунальні послуги та капітальні витрати, які оплачуються ОМС та акумулювання яких не відбувається в рамках НСЗУ, не видається можливим. Однак, імовірно, що деталізований огляд секторальних видатків міг би

виявити потенціал для економії в рамках бюджету на охорону здоров'я, що могло б вивільнити ресурси для інших напрямів видатків на охорону здоров'я, таких як ПМГ. Таким чином, МОЗ варто було би регулярно проводити такий огляд. Дуже ймовірно, що в майбутньому відбудеться помітне збільшення частки ПМГ у консолідованих видатках на охорону здоров'я, оскільки додаткові 5 відсотків від бюджету на охорону здоров'я, які наразі витрачаються на високоспеціалізовані (четвертинні) медичні послуги, планується в якийсь момент включити до ПМГ у рамках запланованої реформи. Ця зміна забезпечить лише перекласифікацію окремого виду витрат, але не збільшить бюджет ПМГ.

4. *Запровадження секторальних реформ, які дають змогу більш ефективно використовувати наявний бюджет ПМГ.* Україна може досягти значно кращих показників здоров'я населення за рахунок зниження неефективності використання урядом бюджету ПМГ. Ця неефективність пов'язана не з самою ПМГ, а радше з ширшою політикою у секторі охорони здоров'я щодо організації медичних послуг, які фінансуються за рахунок ПМГ. Це питання детально розглядається в підрозділі нижче, в якому проводиться огляд закупівлі послуг ПМГ, а також в Розділі 3. Одним із проявів неефективності є надмірне використання високовартісної стаціонарної медичної допомоги та зумовлена цим проблема надлишкових і неефективних мереж медичних закладів. Наприклад, існує значний потенціал для підвищення ефективності за рахунок реформування сільських лікарень та акушерської допомоги, де низькі показники зайнятості ліжок ще не призвели до необхідної реорганізації, а також у сфері стаціонарного лікування ТБ, коли пацієнти перебувають у стаціонарі набагато довше за період інтенсивної терапії, включаючи пацієнтів з неактивним ТБ. Лікарні в Україні також дуже бідно оснащені, а лікарі надають менше послуг і виконують менше процедур, аніж у порівнюваних країнах. Частка допоміжного персоналу в Україні більша, ніж в країнах ЄС, при цьому відсутня стратегія перерозподілу обов'язків з метою оптимізації навантажень. Україна також могла б покращити співвідношення витрат і результатів ПМГ за рахунок подальшого посилення ролі ПМД та ефективної інтеграції рівнів медичної допомоги для попередження і раннього лікування неінфекційних захворювань (НІЗ). Прогрес реформи оплати надавачам медичних послуг, включаючи запровадження оплати за пролікований випадок для спеціалізованої медичної допомоги, підвищив би ефективність системи медичних закладів за рахунок створення фінансового стимулу для надання медичної допомоги на найбільш доцільному рівні та в найбільш економічний спосіб (наприклад, шляхом зменшення кількості непотрібних госпіталізацій, скорочення тривалості перебування, а також надання медичної допомоги на найбільш доцільному рівні).
5. *Перехід від видатків місцевих бюджетів до об'єднання видатків у рамках НСЗУ.* Передача відповідальності за комунальні послуги, які наразі оплачують ОМС, до централізованого бюджету на охорону здоров'я могла би зменшити неефективність поточного механізму, включаючи дефіцит управлінської гнучкості щодо розпорядження бюджетом на рівні медичного закладу, спричиненого постатейним бюджетуванням комунальних платежів, а також зменшити складнощі при розрахунку розміру ставок за пролікований випадок, коли одні складові вартості медичних послуг оплачуються за рахунок ПМГ, а інші—за рахунок ОМС. Передача цих витрат також вирішила би питання нерівних умов для приватних надавачів, які самостійно сплачують комунальні послуги, та комунальних надавачів, які отримують різний ступінь

підтримки від ОМС при оплаті комунальних послуг. Ці заходи не призвели би до розширення обсягу доступного фінансування для послуг за ПМГ, а лише перерозподілили би обов'язки щодо фінансування, переклавши їх з ОМС та приватних надавачів на урядовий рівень.

6. *Запровадження дольової участі пацієнтів у витратах.* Уряд розглядає можливість запровадження співоплати для послуг, які надаються за ПМГ, а також додаткових платежів для послуг, які не покриваються ПМГ, щоб уможливити розширений спектр медичних послуг та додатковий комфорт для пацієнтів, які можуть дозволити собі платити більше. Дольова участь у витратах несе значний ризик негативних наслідків: вона може збільшити вже наявну в Україні значну частку витрат «з кишені» пацієнтів через офіційні та неформальні платежі, значно збільшити адміністративні витрати, а також послабити стратегічні закупівлі, якщо її не буде суворо регламентовано. Нереалістично очікувати, що запровадження дольової участі у витратах дозволить ПМГ розширити обсяг послуг, які вона охоплюватиме, не підриваючи при цьому одночасно мету ПМГ щодо забезпечення рівного доступу до медичних послуг. Якщо дольову участь у витратах буде запроваджено, вона має бути у формі невеликих, єдиних для всієї країни співоплат, лімітованих річною граничною сумою і обмежених конкретними послугами (виключаючи профілактичну медичну допомогу з метою заохочення до її використання); бідні домогосподарства мають бути звільнені від будь-яких співоплат; також необхідно уникнути запровадження відсоткових співоплат. Структура будь-якої політики співоплати повинна бути максимально простою для того, щоб пацієнти могли легко орієнтуватися в системі охорони здоров'я і не стикалися з адміністративними перешкодами, отримуючи всі переваги захисту від витрат. Додатково до співоплати за послуги, включені до ПМГ, уряд розглядає можливість дозволити додаткові платежі як засіб заохочення приватних надавачів надавати послуги за ПМГ. У разі їхнього запровадження додаткові платежі повинні обмежуватися тими аспектами надання послуг, які не мають безпосереднього відношення до клінічної якості медичної допомоги, наприклад, надання одномісної палати в стаціонарі («extra billing», або «додаткова оплата»). Надавачі медичних послуг не повинні мати права вимагати від пацієнтів платежів додатково до співоплати за гарантовані послуги («balance billing», або «оплата залишкового балансу»). Запровадження співоплати для гарантованих послуг і додаткових платежів для послуг, які не гарантовані за ПМГ, вимагає ретельного регулювання та активного моніторингу з метою запобігання несправедливості (включаючи потенційну дискримінацію людей, які звільнені від співоплати або не здійснюють додаткових платежів). У разі запровадження такі механізми повинні супроводжуватися заходами, спрямованими на зменшення цих ризиків.

У Таблиці 1.1 підсумовано ймовірні перспективи збільшення фінансування за рахунок шести розглянутих опцій.

Рекомендації щодо вдосконалення фінансування пакетів медичних послуг за ПМГ

Проведений аналіз дозволяє запропонувати такі рекомендації:

- Уточнити політичний і технічний процеси розробки, розширення та затвердження пакетів медичних послуг за ПМГ, щоб зробити їх більш зрозумілими, прозорими та орієнтованими на співучасть.

ТАБЛИЦЯ 1.1 Перспективи збільшення ресурсів, що виділяються на фінансування ПМГ

ОПЦІЯ	ЙМОВІРНІСТЬ	ОБҐРУНТУВАННЯ ОЦІНКИ
1. Розширення обсягу бюджетних ресурсів за рахунок економічного зростання та збору доходів	Низька	Темпи зростання низькі, а простір для запровадження нових податків обмежений.
2. Перегляд пріоритетності секторів для видатків у межах наявного обсягу бюджетних ресурсів	Середня	Якщо не враховувати коригування, пов'язані з COVID-19, частка державних видатків і ВВП на сектор охорони здоров'я історично низька. Вона також низька за стандартами ОЕСР, хоча подібна до видатків у багатьох країнах із середнім рівнем доходу в Європі та в усьому світі.
3. Перегляд пріоритетів видатків у межах сектору охорони здоров'я	Низька	Скорочення фінансування інших програм охорони здоров'я може мати негативні наслідки на здоров'я населення.
4. Запровадження секторальних реформ, які дають змогу ефективніше використовувати існуючий бюджет ПМГ	Висока	Більш широка політика сектора охорони здоров'я щодо організації та фінансування послуг, які включені до ПМГ, недостатньо стимулює ефективне надання послуг.
5. Перехід від фінансування окремих складових вартості послуг за рахунок місцевих бюджетів до об'єднання видатків у рамках НСЗУ	Низька	Передача відповідальності за видатки не збільшить обсяг фіскальних ресурсів, але може сприяти забезпеченню більшої справедливості фінансування.
6. Збільшення дольової участі пацієнтів у витратах	Низька	Оскільки матимуть місце винятки для бідного населення та пріоритетних послуг, співоплати будуть незначними за розміром і потенційно несправедливими та неефективними.

Джерело: Світовий банк.
Примітка: ВВП = валовий внутрішній продукт; НСЗУ = Національна служба здоров'я України; ОЕСР = Організація економічного співробітництва та розвитку; ПМГ = Програма медичних гарантій.

- Збільшити державні видатки на охорону здоров'я відповідно до економічного зростання та збільшення загальних бюджетних видатків, одночасно забезпечивши у випадку економічного спаду захист поточного рівня державних видатків на охорону здоров'я в реальному вираженні на душу населення, з метою реалізації цілей ПМГ щодо гарантування медичних послуг і фінансового захисту, які уряд зобов'язався виконувати, ухваливши Закон «Про державні фінансові гарантії медичного обслуговування населення».
- Забезпечити повне дотримання дорожньої карти поточної податкової реформи, зокрема дорожньої карти щодо акцизного податку на тютюнові вироби, що передбачає поступове підвищення акцизу на тютюнові вироби відповідно до Угоди про асоціацію між Україною та ЄС, а також більш широкої реформи податкового адміністрування.
- Підвищити ефективність видатків шляхом прискорення оптимізації розміру медичних закладів та раціоналізації мережі, поступового запровадження оплати за пролікований випадок для стаціонарної медичної допомоги та розробки чіткої стратегії посилення ролі ПМД та інтегрованого надання медичних послуг.
- Розглянути передачу відповідальності за фінансування комунальних послуг від ОМС до централізованого бюджету—вони повинні оплачуватися медичним закладам через НСЗУ в межах бюджету ПМГ—з метою зменшення неефективності, посилення принципу «гроші йдуть за пацієнтом» та забезпечення більшої рівності для надавачів медичних послуг.
- Розробити довгострокову стратегію фінансування системи охорони здоров'я, яка може отримати політичну підтримку та яка включала би в себе бачення щодо розширення ПМГ та її фінансування на період 10 років; допоміжні плани для пов'язаних програм, таких як поступове розширення ПДЛ для скорочення витрат «з кишені» пацієнтів на лікарські засоби; відповідні настанови та процедури, зокрема більш суворі правила для запобігання надмірномупризначенню ліків та покращення якості медичних послуг.

ЗАКУПІВЛЯ ПОСЛУГ ЗА ПМГ

НСЗУ закуповує медичні послуги для ПМГ на основі пакетів медичних послуг, які затверджуються щороку, але можуть уточнюватися протягом року. У 2020 р. ПМГ було розширено, тепер вона охоплює не лише послуги ПМД, а всі види медичної допомоги, включаючи стаціонарну та спеціалізовану амбулаторну медичну допомогу. Вона включала 29 пакетів спеціалізованої медичної допомоги, 4 з яких було розроблено у відповідь на пандемію COVID-19, а також пакет ПМД і ПДЛ, усього 31 пакет (Рисунок 1.4). Станом на травень 2021 р. було 35 пакетів, але в червні було запроваджено нові зміни, в тому числі розчинення спеціальних пакетів, пов'язаних з COVID-19, у складі інших пакетів медичної допомоги. Деякі пакети послуг ПМГ визначено дуже конкретно (зокрема пакети на лікування методом гемодіалізу, проведення колоноскопії, а також пакет медичної допомоги при гострому мозковому інсульті), інші визначено дуже широко (зокрема єдиний пакет для «всіх інших видів вторинної і третинної амбулаторної медичної допомоги»).

НСЗУ закуповує послуги у надавачів, використовуючи контрактування на основі договорів, які містять низку специфікацій на послуги, які стосуються організації надання послуг, оснащення, та персоналу. Надавач може подавати заяву на будь-який з пакетів послуг, практика, що містить ризик потенційної нерівності географічного доступу до послуг, коли в одній місцевості спостерігається надмірна концентрація послуг, а в іншій—дефіцит. Оскільки для контрактування відсутній майстер-план мережі надання медичних послуг, стратегічні закупівлі НСЗУ можуть підвищити ефективність на рівні індивідуального надавача, але не можуть зробити більш ефективною мережу надавачів медичних послуг.

РИСУНОК 1.4

Пакети послуг за ПМГ

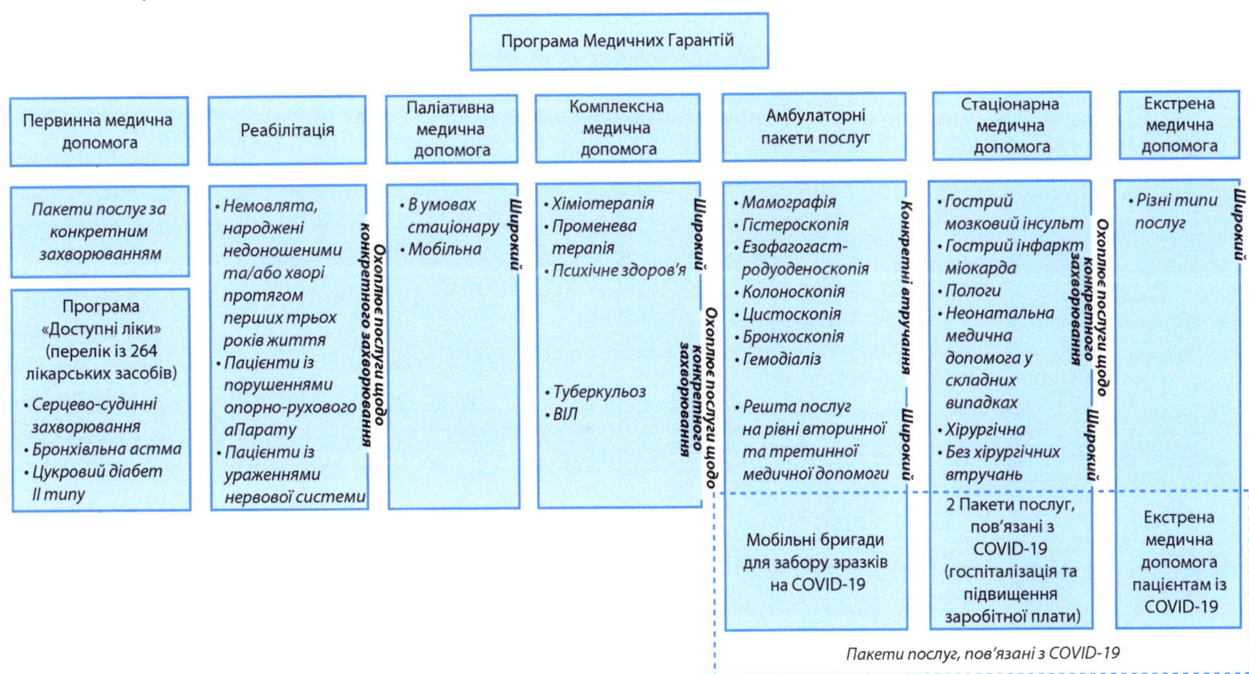

Джерело: Світовий Банк (World Bank)
Примітка: COVID-19 = коронавірус (пандемія).

Послуги закуповуються з використанням різних методів оплати, включаючи глобальний бюджет, оплату за пролікований випадок, ставку на медичну послугу для стаціонарної допомоги, а також капітаційну ставку для ПМД. Паралельний розвиток електронної системи охорони здоров'я, який розпочався в 2018 р., забезпечив критично важливу підтримку для реалізації закупівельної функції.

Первинна медична допомога

Обсяг і умови закупівлі пакета ПМД не зазнавали істотних змін з моменту запровадження реформи ПМД у 2018 р., за винятком коригування у бік збільшення капітаційних ставок наприкінці 2020 р. для компенсації забору зразків матеріалу для тестування та телеконсультацій у зв'язку з COVID-19. Послуги ПМД, включені до ПМГ, визначено дуже чітко. 17 видів медичної допомоги охоплюють типові діагностичні та лікувальні процедури для гострих і хронічних станів, профілактичний скринінг, вакцинацію, спостереження за вагітністю та медичне спостереження за здоров'ям дитини, а також окремі види екстреної та паліативної допомоги. Станом на березень 2021 р. НСЗУ було законтрактовано 1696 надавачів послуг за ПМГ, 77 відсотків з яких були центрами надання ПМД, які об'єднували багатьох лікарів та численні місця надання послуг в межах однієї юридичної особи.

Тридцять п'ять відсотків договорів було укладено з надавачами ПМД приватної форми власності. Усі жителі України, що уклали декларацію з лікарем ПМД, законтрактованим НСЗУ, мають право на отримання медичної допомоги, також пацієнти можуть у будь-який час змінити надавача медичних послуг. Станом на кінець березня 2021 р. 31,2 мільйона українців—70,3 відсотка від загальної чисельності населення—уклали декларацію з надавачем ПМД. Оплата надавачам здійснюється на основі національної капітаційної ставки з урахуванням коригувальних коефіцієнтів залежно від віку та місцевості, також передбачено понижувальні коефіцієнти для надавачів, які перевищують рекомендовану кількість укладених декларацій. У листопаді 2020 р. базову капітаційну ставку було збільшено на 8,5 відсотка як захід реагування на пандемію COVID-19, а заклади ПМД почали відповідати за забір зразків матеріалу для тестування на COVID-19 (але не саме тестування зразків), що раніше було окремим пакетом медичних послуг по COVID-19, який надавався мобільними бригадами, які діяли на базі відділень амбулаторної спеціалізованої допомоги або центрів ПМД. У 2021 р. надавачі ПМД можуть подавати заяву щодо надання пакета медичних послуг з вакцинації від COVID-19, що може стати для них джерелом додаткових надходжень. Для пацієнтів послуги ПМД безкоштовні, але пацієнти все ж можуть нести витрати через неформальні платежі надавачам послуг.

Надавачі ПМД починають відігравати важливу роль «воротаря» в українській системі охорони здоров'я. Пацієнти, які хочуть отримати на безоплатній основі спеціалізовану медичну допомогу, повинні мати відповідне направлення—оформлене в електронному вигляді—від надавача ПМД. Щоб отримати доступ до лікарських засобів, які відпускаються аптеками за ПДЛ, вони повинні отримати е-рецепт від надавача ПМД. НСЗУ здійснює моніторинг діяльності надавачів ПМД на предмет дотримання умов договору та потенційного шахрайства, але відсутній моніторинг результатів діяльності або якості, також не проводиться клінічний аудит. НСЗУ мало намір запровадити в 2021 р. договірні положення щодо результатів з фокусом на профілактичних послугах, скринінгу груп ризику та доступі до амбулаторних лікарських засобів для цільових груп пацієнтів з хронічними станами. Із вересня 2021 р. було запроваджено доплату за результати вакцинації дітей до 6 років проти кору. Хоча існує вимога, що медичні послуги повинні надаватися відповідно до клінічних протоколів, Україна досі не має стандартизованого набору клінічних протоколів, а тому надавачі послуг можуть на власний розсуд слідувати клінічним протоколам інших країн.

Надання послуг ПМД в Україні все більше спирається на цифрові технології. Окрім е-направлень та е-рецептів, використання електронних медичних записів дозволяє надавачам послуг отримувати доступ до медичної історії пацієнта і відстежувати надавані медичні послуги. Це також дозволяє НСЗУ здійснювати моніторинг надавачів і пацієнтів на предмет потенційного шахрайства, а також вивчати поведінкові патерни пацієнтів, що може допомогти при виробленні політики. Закон також містить положення про телемедицину, і в Україні вже було кілька пілотних проєктів з розвитку телемедицини для надання ПМД. Пандемія COVID-19 пришвидшила використання цифрових технологій для проведення медичних консультацій, в тому числі через соціальні медіа.

МОЗ і НСЗУ запровадили поступове розширення обсягу послуг ПМД, гарантованих за ПМГ, починаючи з 2021 р. Розширення пакета послуг включає психічні та поведінкові розлади, додаткові лабораторні дослідження, вакцинацію від COVID-19, а також збільшення обсягу послуг, пов'язаних з веденням пацієнтів з хронічними захворюваннями і ТБ. У 2021 р. НСЗУ планував запровадити за досягнення закладом позитивних результатів, а саме цільового рівня охоплення вакцинацією від кору, що може створити прецедент для майбутніх заохочень на основі ставки за досягнення результатів. Усе ще бракує чіткого та комплексного бачення щодо розширення послуг ПМД та зміни ролі ПМД у ширшому контексті системи охорони здоров'я. *«Біла книга щодо моделі надання послуг охорони здоров'я в Україні»*, підготовлена ВООЗ та МОЗ, стала джерелом інформації та підґрунтям для постійних дискусій стосовно ПМД та її стосунку до стаціонарних медичних послуг, але ще не була офіційно затверджена. МОЗ також розробляє проект *Концепції розвитку первинної медичної допомоги в Україні до 2031 р.*

Програма «Доступні ліки»

ПДЛ, адмініструванням якої з 2019 р. займається НСЗУ, а до цього—ОМС за рахунок цільової субвенції від уряду—має на меті забезпечити доступність рецептурних лікарських засобів для амбулаторного лікування. Вона відшкодовує лікарські засоби для лікування в амбулаторних умовах для кількох пріоритетних станів – переважно серцево-судинних захворювань, бронхіальної астми, а також цукрового діабету II типу – за умови, що рецепт був виписаний надавачем послуг ПМД і наданий аптеці, законтрактованій НСЗУ. НСЗУ напряму відшкодовує законтрактованим аптекам вартість ліків за ПДЛ на підставі е-рецептів, виписаних через систему е-здоров'я.

Перелік лікарських засобів для ПДЛ визначено з використанням міжнародних непатентованих назв (МНН), а потім специфіковано за торговими марками шляхом звернення до компаній, чиї лікарські засоби включено до Національного переліку основних лікарських засобів (НПОЛЗ). ПДЛ наразі містить 27 МНН і 297 лікарських засобів. Станом на дату звіту вибір препаратів для включення до ПДЛ, а також НПОЛЗ, на якому засновується ПДЛ, не спирається на чітку методологію та не оновлюється регулярно. Однак у грудні 2020 р. Кабмін затвердив проведення оцінки медичних технологій (ОМТ) з метою актуалізації НПОЛЗ (Постанова Кабміну № 1300), причому розробку детальних настанов має бути завершено в 2021 р. Використання ОМТ обіцяє покращити клінічну доцільність та ефективність ПДЛ.

МОЗ проводить політику реімбурсації, використовуючи комбінацію зовнішнього та внутрішнього референтного ціноутворення. Дані п'яти східноєвропейських країн—Латвії, Польщі, Словаччини, Угорщини та Чеської Республіки—використовуються для визначення медіанної референтної ціни для кожної МНН. Генеричні препарати на внутрішньому ринку, ціна яких перевищує референтну/міжнародну ціну, не підлягають реімбурсації. Для кожної МНН, яка підлягає реімбурсації, найнижча ціна на генеричний препарат на внутрішньому ринку стає референтним тарифом, за яким здійснюється відшкодування. Генерики на внутрішньому ринку, ціна на які нижча за (міжнародну) ціну реімбурсації, але вища за (внутрішній) референтний тариф для реімбурсації, підлягають реімбурсації, але пацієнт повинен сплатити різницю. Таким чином, пацієнти можуть отримати найдешевший генеричний препарат безкоштовно. Такий підхід до ціноутворення вважається належною практикою.

Кількість законтрактованих аптек і кількість пацієнтів, що отримують ліки за ПДЛ, продовжує зростати. Станом на березень 2021 р. за ПДЛ працюють 9 295 аптек та аптечних пунктів, об'єднаних у 1 136 юридичних осіб. Національне покриття зросло з 16,1 до 22,9 аптеки на 100 000 населення з 2019 по 2021 р., а кількість пацієнтів, які скористалися перевагами ПДЛ, станом на березень 2021 р. становила 2,8 мільйона осіб.[8] Викликом залишається забезпечення рівності доступу: хоча протягом 2019-2021 рр. в усіх областях зросла кількість аптек, законтрактованих за ПДЛ, охоплення програмою в межах області коливалося від 17 до 30 аптек на 100 000 населення (Рисунок 1.5).[9]

Іншим потенційним викликом для рівності доступу є те, що на національному рівні для ПДЛ виділяється фіксований місячний бюджет з місячним лімітом витрат, який визначається на основі тенденцій у виписуванні рецептів за групами хвороб. У разі досягнення цього ліміту рецепти, за якими пацієнти мають право на реімбурсацію, притримуються до наступного місяця. На практиці цей ліміт ще не вичерпувався.

РИСУНОК 1.5

Кількість аптек, що приєдналися до ПДЛ, на 100 000 населення по областях, 2019 р. та 2021 р.

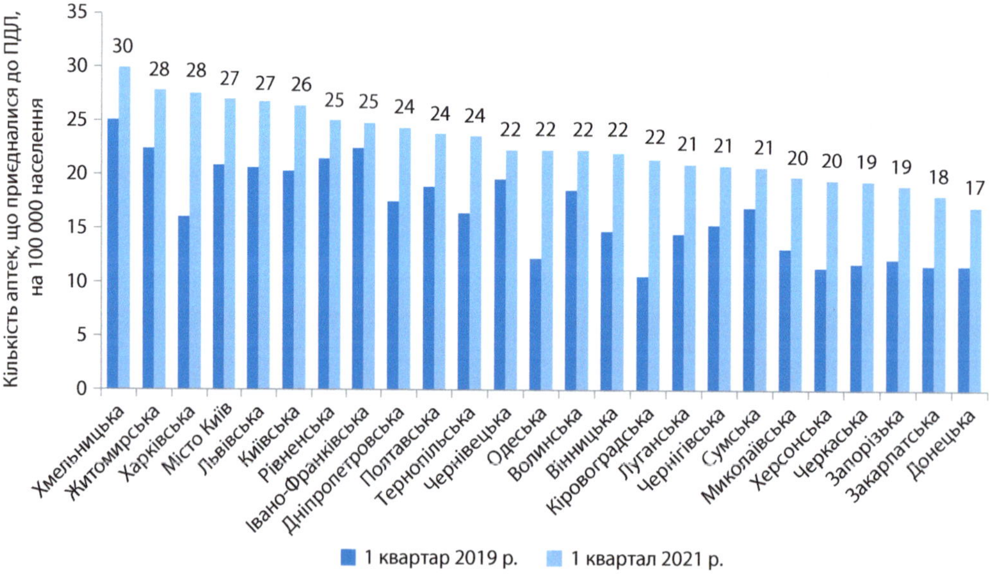

Джерело: Інформація від Національної служби здоров'я України
Примітка: ПДЛ = Програма «Доступні ліки»

У 2021 р. до ПДЛ було включено інсулін (починаючи з липня) та 10 додаткових МНН для лікування психічних і неврологічних розладів (починаючи з жовтня).[10] Перший рецепт має бути виписаний лікарем відповідної спеціальності, зокрема ендокринологом, психіатром або неврологом; повторні рецепти можуть виписуватися лікарями ПМД.

Спеціалізована амбулаторна, догоспітальна екстрена та стаціонарна медична допомога

ПМГ для спеціалізованої амбулаторної, догоспітальної екстреної та стаціонарної медичної допомоги було запроваджено у момент, коли система охорони здоров'я все ще залишалася дуже орієнтованою на надання стаціонарної медичної допомоги. Попри зменшення кількості госпіталізацій після ініціатив з оптимізації розміру медичних закладів 2015 р., унаслідок чого рівень госпіталізацій для надання медичної допомоги знизився до рівнів, подібних до 13 сусідніх нових членів ЄС (ЄС-13), середня тривалість перебування (СТП) в Україні (10,3 дні) залишається значно вищою за сусідні країни (6,6 днів).[11] Україна також підтримує сегреговану систему багатопрофільних та однопрофільних медичних закладів, які обслуговують багатьох пацієнтів, що потенційно могли би отримувати лікування в амбулаторних умовах. Наприклад, 4,1 відсотка лікарняних ліжок в Україні використовуються для лікування пацієнтів з ТБ, при цьому СТП у 2019 р. становила 85,6 дні, а на розгалужену мережу психіатричних лікарень припадає 11,4 відсотка всіх лікарняних ліжок.

Спеціалізована амбулаторна медична допомога надається амбулаторними відділеннями лікарень, клініко-діагностичними центрами (реформовані колишні поліклініки), спеціалізованими однопрофільними амбулаторними клініками, а також приватними монопрактиками. Досі відсутня достатня координація між ПМД та спеціалізованою амбулаторною медичною допомогою, також відсутні достатньо масштабні зусилля щодо виведення за межі стаціонарів станів, які можуть лікуватися амбулаторно, хоча певний прогрес у цьому напрямі було зроблено у сфері психічного здоров'я. Нова система електронних направлень забезпечує можливість проаналізувати потік різних видів направлень і вдосконалити оптимізацію обсягу медичної допомоги.

На початку 2020 р. уряд ухвалив перелік із 212 опорних закладів охорони здоров'я, які повинні утворити мережу надавачів послуг—«Спроможну мережу», яку буде сформовано в майбутньому. Це важливий крок до більш раціонального та ефективного підходу до інвестицій в госпітальному секторі, однак потрібно ретельно стежити за тим, щоб перелік медичних закладів був оптимальним. Досі бракує затвердженої офіційної стратегії, яка забезпечила би бачення для інтегрованої моделі надання послуг для всіх видів медичної допомоги, потенційною основою для чого може бути (проект) *«Білої книги щодо моделі надання послуг охорони здоров'я в Україні»*.

Спеціалізована медична допомога в межах ПМГ розділена на пакети послуг, договори з надавачами послуг укладаються окремо для кожного пакета. Станом на початок 2020 р. було 29 пакетів. Вони включають чотири пакета послуг для протидії COVID-19: тестування мобільними бригадами, екстрену медичну допомогу на догоспітальному етапі, стаціонарну медичну допомогу, а також доплати до заробітної плати за роботу з пацієнтами з COVID-19, які було додано до ПМГ у відповідь на пандемію. Шістнадцять пакетів пов'язані з медичними станами, такими як гострий мозковий інсульт, пологи, психічне здоров'я, ТБ, ВІЛ та COVID-19; вони включають у себе повний набір медичних послуг для лікування цих станів. Дев'ять пакетів визначено як відправні точки для подальшого надання послуг (колоноскопія, гемодіаліз, променева терапія), що може бути використано для лікування великої кількості різних станів. Чотири пакети є широкими пакетами, які визначаються конкретними потужностями надавача,—хірургічні операції в стаціонарних умовах, стаціонарна допомога без проведення хірургічних операцій, амбулаторна медична допомога та екстрена медична допомога—і охоплюють усі медичні послуги, які не відносяться до жодної іншої групи. До складу всіх пакетів спеціалізованої медичної допомоги в межах ПМГ, за винятком амбулаторної допомоги, входить медикаментозне забезпечення. На практиці значна кількість лікарських засобів закуповується «з кишені» пацієнтів. У 2020 р. було затверджено нові вимоги до направлень, спрямовані на покращення інтеграції спеціалізованої медичної допомоги та первинної медичної допомоги в межах ПМГ. Щоб безоплатно отримати послуги спеціалізованої медичної допомоги, пацієнт потребує електронного направлення від надавача ПМД або іншого надавача спеціалізованої допомоги. Контрактування є опційним; надавачі послуг можуть обирати, на які пакети послуг подавати заяви. Така система поглиблює існуючі проблеми неефективності, оскільки надавачі подають заяви лише на ті пакети, які є найбільш привабливими з економічної точки зору. Вона також сприяє географічній нерівності доступу до медичної допомоги.

Для укладення договору з НСЗУ надавач повинен відповідати низці вимог до надання послуг. Вони охоплюють загальні вимоги, включаючи вимоги щодо юридичного статусу, наявності ліцензії та функціоналу електронної системи охорони здоров'я; вимоги, специфічні для даного пакета послуг, що стосуються характеристик закладу, медичного персоналу та обладнання; а також необхідні додаткові ліцензії (наприклад, для ядерної медицини або наркотичних засобів). Про послуги, які надаються за межами законтрактованих пакетів, не обов'язково надаються звіти. Законтрактовані медичні заклади повинні в юридичному відношенні бути автономними від держави, щоб забезпечити розмежування закупівельника та надавача, а також уникнути потенційного конфлікту інтересів. Як один з елементів реформи медичні заклади можуть відкривати банківські рахунки в комерційних банках, а не лише в Державному казначействі. Така нова автономія вимагає нових механізмів управління та підзвітності, також потрібні нові законодавчі нормативно—правові акти для її зміцнення. У період з квітня по грудень 2020 р. НСЗУ законтрактувала та здійснила оплату 1 681 надавачу спеціалізованої медичної допомоги, включаючи 59 приватних закладів і 25 обласних центрів Екстреної медичної допомоги за пакетами спеціалізованої медичної допомоги.

У 2020 р. більшість спеціалізованої медичної допомоги в межах ПМГ—81 відсоток спеціалізованої медичної допомоги і 67 відсотків від загального бюджету ПМГ—було закуплено з використанням глобального бюджету. Ці закупівлі включали всю екстрену медичну допомогу, всю хірургічну допомогу, всю стаціонарну допомогу без хірургічних втручань, яка не оплачувалася на основі ставки за ДСГ, а також окремі процедури, які оплачуються на основі ставки на медичну послугу (Рисунок 1.6). Для кожного пакета ПМГ, законтрактованого на основі глобального бюджету, НСЗУ визначила «базову ставку» за послугу, яка коригується з метою врахування варіацій у вартості надання послуг. Наприклад, базова ставка для амбулаторної допомоги помножується на коефіцієнт 9 713 для хірургічних втручань і на 0 186 для стоматологічної допомоги, а потім помножується на кількість послуг, які заклад надав протягом минулого року, щоб отримати глобальний бюджет, який буде оплачуватися кожному законтрактованому закладу. Глобальний бюджет також використовується для нових пакетів по COVID-19, що зумовлено недостатньою передбачуваністю кількості випадків.

Починаючи з квітня 2020 р., ставка за пролікований випадок застосовувалася для оплати лікування чотирьох станів у стаціонарних умовах: гострий мозковий інсульт (один випадок для всіх видів), гострий інфаркт міокарду, пологи (один випадок для всіх видів) та медична допомога у складних неонатальних випадках. Було використано зростаючий розрахунок вартості для забезпечення того, щоб ці ставки покривали повну вартість медичних послуг. Разом ці чотири стани становлять 8,1 відсотка всіх договорів на спеціалізовану медичну допомогу. Оплата на основі ставки на медичну послугу застосовується для семи амбулаторних медичних послуг, включаючи ендоскопію, мамографію та гемодіаліз, з метою заохочення до надання та інвестування в обладнання для цих послуг. На платежі на основі ставки на медичну послугу припадало лише 0,1 відсотка спеціалізованої медичної допомоги в межах ПМГ у 2020 р.

МОЗ і НСЗУ мали намір поступово запроваджувати більше платежів на основі оплати за ДСГ для стаціонарів, починаючи з травня 2020 р.; ці наміри було відкладено через пандемію COVID-19. Початковим планом передбачалося розділити оплату послуг лікарням на глобальний бюджет і оплату за пролікований випадок, причому частка оплати за пролікований випадок до липня 2020 р. повинна була поступово зростати з 10 відсотків до 40 відсотків. Паралельно із цим від надавачів послуг планувалося вимагати розпочати кодування та звітування випадків з використанням української системи ДСГ (УДСГ), яка засновується на Австралійських покращених ДСГ (AR-DRGs), але об'єднана в більші групи (131, додатково до 4 ставок за пролікований випадок).

РИСУНОК 1.6

Умови оплати надавачам послуг ПМД у другому та третьому кварталах 2020 р.

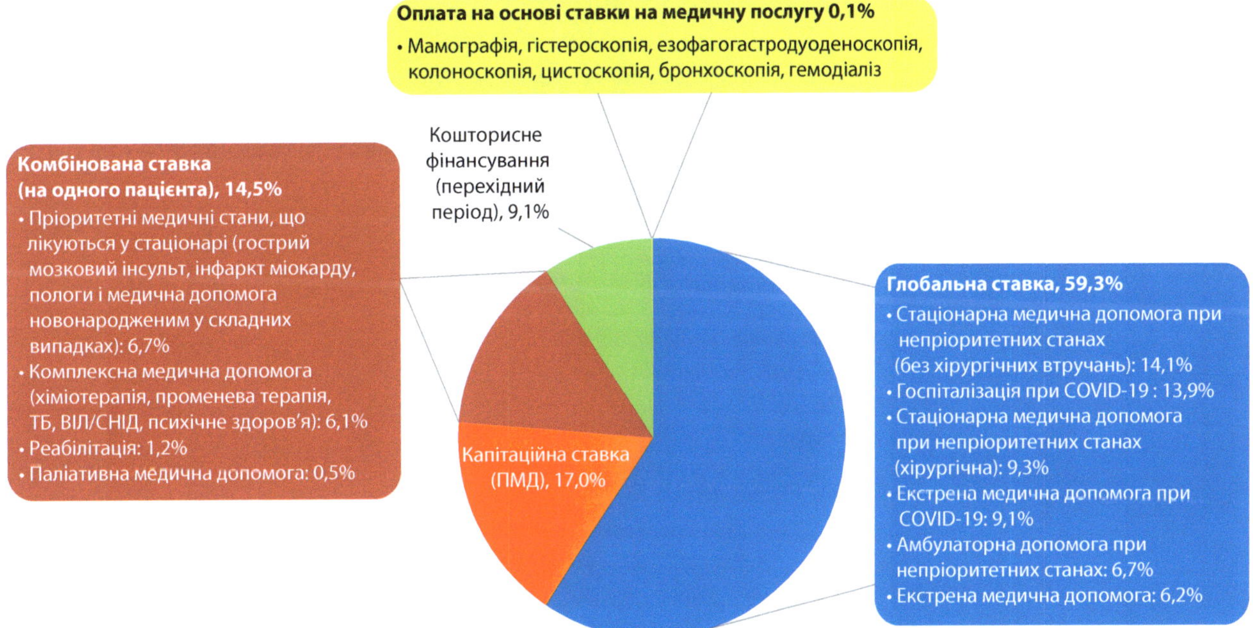

Джерело: дашборд НСЗУ.
Примітка: COVID-19 = коронавірус (пандемія). ПМД = первинна медична допомога; ТБ = туберкульоз.

Запровадження ДСГ спочатку було відкладено з травня на червень, у червні було відстрочено до жовтня, у вересні запровадження ДСГ у 2020 р. було скасовано. Рішення було прийняте з кількох ключових міркувань. По-перше, групування в 131 категорію за УДСГ було оцінене як надзвичайно широке, що залишало високий ступінь неоднорідності витрат в межах окремих груп, тим самим створюючи значний фінансовий ризик для надавачів. По-друге, ці фінансові ризики посилилися би внаслідок пандемії COVID-19, яка, за очікуваннями, мала призвести до скорочення використання основних медичних послуг і, тим самим, скорочення доходів медичних закладів. Замість цього, оплату за послуги спеціалізованої медичної допомоги було засновано на історичних даних щодо кількості наданих послуг, яка перемножувалася на середній тариф для визначення суми, що підлягає відшкодуванню. Таким чином, у 2020 р. НСЗУ використовувала виключно глобальну ставку та ставку на медичну послугу як методи оплати за стаціонарну медичну допомогу, за винятком чотирьох згаданих вище пакетів, які оплачувалися на основі ставки за пролікований випадок, та деяких доплат, пов'язаних з COVID-19, які буде розглянуто нижче. Хоча медичні заклади не перейшли до оплати за ДСГ в 2020 р., вони почали звітувати використовуючи ДСГ у червні 2020 р.

У 2020 р. уряд надавав вибраним медичним закладам два види істотної додаткової фінансової підтримки для компенсації потенційних втрат, пов'язаних з реформою фінансування системи охорони здоров'я та COVID-19. У червні 2020 р. уряд запровадив перехідні фіксовані доплати, щоб захистити надавачів від надмірних збитків унаслідок реформи оплати, збільшивши їхні бюджети до рівня щонайменше 90 відсотків від суми, яку вони історично отримували через субвенції від уряду. Ці платежі отримали 519 комунальних закладів, а їхня сума склала 1,6 відсотка від контрактної вартості ПМГ на 2020 р. у розмірі 2,1 мільярда гривень. У вересні 2020 р. уряд запровадив додаткові субсидії для ОМС з метою збільшення заробітної плати медичним працівникам, які надавали медичну допомогу пацієнтам з COVID-19, щоб компенсувати додаткове навантаження та ризики. Крім того, з вересня 2020 р. було запроваджено підвищення заробітної плати на 30-70 відсотків від посадового окладу для всіх медичних працівників, за винятком лікарів ПМД, які працювали на основі договорів з НСЗУ.[12] Ці заходи було продовжено до кінця першого кварталу 2021 р., а потім скасовано у квітні 2021 р. Разом ці дві доплати становили 9,1 відсотка від видатків ПМГ за 2020 р.

Рекомендації щодо вдосконалення закупівлі послуг за ПМГ

Первинна медична допомога

Первинна медична допомога як складова реформи фінансування системи охорони здоров'я добре продумана, а її реалізації йде успішно. Деякі заходи, які могли б додатково вдосконалити її, включають таке:

- Визначити та затвердити довгострокове стратегічне бачення ПМД з чітко визначеною моделлю надання медичних послуг, що відповідатиме потребам населення, а також узгодити механізми закупівлі таким чином, щоб вони підтримували реалізацію цього бачення.
- Запровадити стандартизовані клінічні протоколи, обов'язкові для використання в межах ПМГ на рівні ПМД, починаючи з пріоритетних станів (таких як основні неінфекційні захворювання). Це не тільки допоможе забезпечити клінічну якість медичної допомоги, а й слугуватиме орієнтиром для

надавачів щодо надання найбільш ефективної допомоги, яку вони можуть надати в рамках свого капітаційного бюджету.

- Прискорити цифровізацію у сфері надання медичних послуг—від подальшої розробки архітектури електронної системи охорони здоров'я до впровадження телемедицини,—підтримавши цей розвиток стратегією та планом дій, які забезпечать належні інвестиції, правила та навички.
- Запровадити систему моніторингу ефективності ПМД для вимірювання ефективності різних закладів охорони здоров'я, а також ефективності в межах одного закладу в різний час з метою покращення підзвітності за надання якісних медичних послуг.

Програма «Доступні ліки»

ПДЛ відіграє важливу роль у забезпеченні населення безкоштовними або недорогими ліками для хронічних станів, які поширені серед значної частини населення і яким можна ефективно протидіяти за допомогою правильного медикаментозного лікування. Наступні заходи могли б покращити клінічну доцільність, економічну ефективність та справедливість програми:

- Актуалізувати НПОЛЗ, на якому ґрунтується ПДЛ, щоб забезпечити узгодженість лікарських засобів, включених до Переліку, з сучасними клінічними протоколами, а також їхню економічну ефективність. Забезпечити своєчасне оновлення НПОЛЗ, завершити розробку настанов, які регулюють новий процес ОМТ (що буде використовуватися для оновлення НПОЛЗ), відповідно до графіку, затвердженого Постановою Кабміну від грудня 2020 р.
- Оцінити компроміси між включенням більшої кількості станів і лікарських засобів до ПДЛ та забезпеченням достатнього фінансування для менш дороговартісних, економічно ефективних лікарських засобів, які призначені для лікування станів, що поширені серед великої кількості населення (з наданням пріоритету останньому). ОМТ також може відіграти в цьому важливу роль.
- Забезпечити рівномірне розширення ПДЛ в усіх регіонах, а також у соціально-економічних зонах у межах кожного регіону, щоб зменшити географічний дисбаланс у доступі населення до аптек, законтрактованих за ПДЛ. НСЗУ і МОЗ могли би комунікувати з аптеками в «недостатньо забезпечених» місцевостях з метою потенційного контрактування.
- Проаналізувати потенціал НСЗУ в контексті моніторингу патернів виписування рецептів за допомогою системи е-рецептів та потужної системи е-здоров'я. Це дало би НСЗУ змогу виявляти потенційне шахрайство з боку надавачів або пацієнтів і покращити клінічну якість медичних послуг шляхом визначення, чи є рецепт потрібним і доцільним для діагнозованого стану пацієнта.

Спеціалізована амбулаторна, догоспітальна екстрена та стаціонарна медична допомога

Спеціалізована медична допомога як компонент ПМГ потребує найбільшої уваги з боку політики—і це зрозуміло, адже контрактування за цими послугами розпочалося лише минулого року, у розпалі пандемії COVID-19. Політика повинна забезпечити доступ до медичних послуг та ефективність, забезпечуючи при цьому менеджмент фінансового ризику пацієнтів та надавачів. Цей звіт пропонує такі рекомендації для вдосконалення цього компонента:

- Удосконалити групування пакетів послуг ПМГ та УДГС, за якими їх планується оплачувати, шляхом (і) «дроблення» великих пакетів—амбулаторної, стаціонарної хірургічної, стаціонарної без хірургічних втручань та екстреної медичної допомоги—на більш конкретні пакети послуг та формулювання більш чітких специфікацій для послуг, які залишаться у цих чотирьох пакетах; (ii) перегрупування пакетів послуг, які виступають відправною точкою для інших медичних послуг (наприклад, хіміотерапія та променева терапія), як частини відповідних пакетів для лікування окремих станів (наприклад, рак грудей); та (iii) подальшої деталізації УДСГ, оскільки початкові 131 група не є достатньо клінічно подібними або однорідними в плані витрат, що призводить до значного коливання у вартості послуг для різних випадків і потенційного фінансового ризику.

- Сформулювати чітку траєкторію переходу до оплати за ДСГ, що забезпечить закладам охорони здоров'я захист від надмірного фінансового ризику, а також надасть час для адаптації (наприклад, розбудувати потужності для кодування та внести необхідні корективи в клінічну практику) в разі потреби. Можливі опції включають створення коридорів ризику, розподіл платежів між ДСГ і глобальними бюджетами та надання зворотного зв'язку надавачам щодо того, як вдосконалити надання послуг для забезпечення більшої ефективності та як діяти в умовах непередбачуваних загроз, таких як пандемія COVID-19.
- Замінити вибіркове контрактування надавачів, при якому надавачі мають змогу обирати, які пакети послуг вони хочуть надавати, комплексними договорами, які гарантують пацієнтам рівний доступ до всіх пакетів послуг у межах ПМГ. Надавачі в складі Спроможної мережі повинні бути зобов'язані надавати всі послуги, які відповідають їхньому рівню. Підписання багаторічних договорів замість однорічних забезпечить стимули для надавачів послуг щодо інвестування в потужності, необхідні для надання нових послуг.
- Переглянути План спроможної мережі для забезпечення більш прозорої методології вибору закладів охорони здоров'я, яка б узгоджувала критерії включення з політичними принципами, такими як забезпечення достатнього обсягу послуг, уникнення фрагментації та забезпечення географічної рівності доступу.
- Продовжувати посилене використання даних НСЗУ для прийняття рішень у контексті валідації заяв на виплати і вироблення політики. Ці дані можуть бути використані не лише для виявлення помилок у кодуванні, випадків кодування за більш дороговартісною ДСГ та зловживань з боку надавачів або пацієнтів, а й для підтримки політичних рішень у межах сектору охорони здоров'я з таких питань, як відбір опорних медичних закладів для Спроможної мережі, оптимізація маршрутів пацієнтів, зміст гарантованих пакетів послуг, а також для оцінки результатів реформи методів оплати надавачам послуг.

ЗАПРОВАДЖЕННЯ УПРАВЛІНСЬКИХ МЕХАНІЗМІВ ДЛЯ ПМГ

Створення НСЗУ як закупівельника послуг охорони здоров'я, а також впровадження до системи охорони здоров'я функції стратегічних закупівель вимагає змін у структурах управління. Ключовими функціями таких управлінських структур повинні бути визначення стратегічного напряму закупівельної організації та забезпечення її підзвітності за використання ресурсів і результати діяльності. Першочергове значення мають п'ять аспектів урядування: автономія закупівельного органу, чіткість ролей і методологій, ефективна міжвідомча координація, зовнішня підзвітність та внутрішній контроль. Критичне значення має також достатній потенціал усіх органів, залучених до процесів управління, зокрема НСЗУ та МОЗ, щодо кадрових та інших ресурсів. Цей розділ пропонує детальний огляд механізмів управління для ПМГ.

НСЗУ є автономною за законом, але для забезпечення її ефективного функціонування в якості автономного закупівельного органу НСЗУ, МОЗ та Міністерство фінансів України (Мінфін) повинні спільно вжити додаткових заходів для прийняття своїх нових інституційних ролей. НСЗУ було створено як центральний орган виконавчої влади. Це означає, що вона користується автономією у технічних питаннях та поточній діяльності, але не у виборі політики, запровадженням якої займається уряд. МОЗ залишається відповідальним за загальну політику в секторі охорони здоров'я. Мінфін відповідає за фіскальну політику, що впливає на бюджетні асигнування для НСЗУ; за законодавством Мінфін також виконує спільну функцію з МОЗ щодо затвердження основних політичних рішень, які впливають на бюджет НСЗУ. Така нова структура дещо змінює традиційні інституційні ролі МОЗ та Мінфіну, які повинні перейти до здійснення нагляду за НСЗУ «на відстані витягнутої руки» без втручання в технічні або оперативні питання. НСЗУ повинна повністю перейняти роль впроваджувального органу, який забезпечує нейтральні технічні консультації та добросовісно впроваджує політичні рішення, прийняті урядом. Як і в інших країнах, може знадобитися час, аби пристосуватися до цих нових ролей. Активний діалог між керівництвом цих трьох органів і зміцнення їхнього кадрового потенціалу може прискорити процес адаптації.

Щоб усі установи могли ефективно функціонувати та взаємодіяти в нових умовах, необхідно чіткіше визначити їхні ролі та пов'язані процеси. Закон визначає загальну інституційну архітектуру нової системи і ролі Кабміну, МОЗ, Мінфіну та НСЗУ у сфері прийняття рішень щодо ПМГ, але зберігаються законодавчі прогалини у правилах визначення обсягу та фінансування ПМГ. Зокрема, відсутня систематична методологія визначення пріоритетів ПМГ або розробки пакетів послуг, зважування вартості та ефективності послуг або визначення договірних специфікацій, які використовує НСЗУ. Ці процеси повинні бути прозорими, заснованими на доказах і фактичних даних, а також враховувати бюджетні обмеження НСЗУ. Вони також повинні включати середньострокову перспективу для планування та визначення пріоритетів, узгоджену з бюджетним циклом. Також важливо розробити чітку рамкову основу для консультацій з широким загалом та медичною спільнотою з питань, пов'язаних з ПМГ, що забезпечило би більшу прозорість і легітимність рішень, які приймає уряд.

Міжвідомча співпраця виграла би від більш ретельного планування та більш конструктивних кадрових перестановок після змін керівництва. Координація та співпраця між НСЗУ, МОЗ, Мінфіном та Кабміном також мають критичне значення для стратегічних закупівель медичних послуг. Необхідні налагоджені процеси проведення зустрічей, прийняття рішень та комунікації, а також спільний стратегічний план і рамкові політичні механізми для координації ролей і функцій МОЗ, НСЗУ, надавачів медичних послуг і ОМС. Українському сектору охорони здоров'я бракує стратегічного плану, розробленого та погодженого МОЗ, НСЗУ та основними зацікавленими сторонами, який би узгоджувався з багаторічною стратегією фінансування системи охорони здоров'я та був би затверджений урядом. Наявність стратегічного бачення могло би прискорити процес розбудови конструктивних міжвідомчих відносин після кадрових змін в уряді або зміни міністрів. Кадрові зміни, які часто відбуваються в Україні, нерідко стають викликом. Конфлікт і відсутність узгодженості між НСЗУ та МОЗ можуть хибним чином перекласти відповідальність за здійснення нагляду за сектором охорони здоров'я на Мінфін; недостатня співпраця між МОЗ та Мінфіном можуть послабити їхню роль стратегічного нагляду та управління стосовно НСЗУ.

Успішна міжвідомча співпраця також вимагає кращої узгодженості між центральним та місцевими рівнями влади, особливо в контексті політики, що стосується раціоналізації мережі медичних закладів. Значна частина фінансування все ще надходить від місцевих бюджетів, а ОМС відповідають за розвиток і підтримку своєї мережі медичних закладів відповідно до договірних вимог НСЗУ. Зокрема, ОМС відповідають за дефіцити та збитки своїх медичних закладів і можуть надавати фінансову підтримку неефективним і збитковим надавачам медичних послуг. Хоча цей механізм корисний для забезпечення фінансування системи охорони здоров'я в перехідному періоді та під час кризи COVID-19, він створює ризики для ефективності та підзвітності системи. У середньо- та довгостроковій перспективі НСЗУ та МОЗ повинні будуть посилити координацію своїх дій з ОМС та госпітальними округами з метою раціоналізації та підвищення ефективності мережі медичних закладів. Ці заходи повинні також включати посилення підзвітності закладів, які нещодавно стали автономними, як у контексті договірної підзвітності перед НСЗУ, так і підзвітності перед їх власниками, тобто ОМС.

Критичною вимогою урядування для НСЗУ як новоствореного стратегічного закупівельника є підзвітність перед Кабміном, аудиторськими органами уряду та Радою громадського контролю (РГК). Зовнішня підзвітність відіграє головну роль у розбудові довіри до НСЗУ як спроможного закупівельника, а також до реформи системи охорони здоров'я в цілому. Як центральний орган виконавчої влади НСЗУ звітує перед Кабміном через МОЗ, при цьому МОЗ і Мінфін мають спільні повноваження щодо ключових політичних рішень, які визначають фінансування системи охорони здоров'я та закупівлі НСЗУ, включаючи затвердження ПМГ, тарифів і бюджетних пропозицій. Відсутність ефективної платформи для МОЗ та Мінфіну узгодження стратегії фінансування системи охорони здоров'я уповільнює розробку спільного стратегічного бачення та ефективного нагляду за НСЗУ. Це питання можна було б вирішити шляхом створення наглядового комітету НСЗУ, до складу якого входили би МОЗ і Мінфін, а головування, можливо, здійснював би представник апарату прем'єр-міністра. В ідеалі, НСЗУ також повинна мати набір як щорічних, так і середньострокових цілей щодо результатів діяльності, які утворювали б основу для її підзвітності перед урядом. НСЗУ виконує рекомендації обов'язкових аудитів Державної аудиторської служби, Національного антикорупційного бюро та Рахункової палати України, але не всі звіти доступні публічно; хорошою практикою було б оприлюднювати всі звіти. НСЗУ також звітує перед РГК, до складу якої входять пацієнти та представники громадянського суспільства. Однак роль РГК є лише дорадчою, вона не має управлінських повноважень або обов'язків наглядової ради. Підзвітність можна було би посилити шляхом залучення РГК до офіційного нагляду, що здійснюють МОЗ і Кабмін, а також шляхом чіткішого визначення її ролі.

Додатково до зовнішньої підзвітності НСЗУ потребує розвиненої системи внутрішнього контролю для забезпечення отримання максимальної користі від ресурсів і недопущення шахрайства. НСЗУ відповідає за забезпечення фінансової дисципліни шляхом попередження недотримання бюджету та недоцільного використання ресурсів як з боку НСЗУ, так і з боку законтрактованих медичних закладів. Менеджмент відповідальності в рамках затвердженого бюджету вимагає від НСЗУ використовувати належні дані та методи для прогнозування попиту, розрахунку вартості послуг ПМГ і формулювання бюджетної пропозиції, а уряд (за поданням МОЗ та Мінфіну) повинен забезпечити реалістичність затвердженого бюджету. НСЗУ розробила і продовжує вдосконалювати процедури та заходи внутрішнього контролю для запобігання помилкам і шахрайству в заявах на виплату. Ці заходи включають проведення незалежних перевірок і складання незалежних балансів, роботу оперативного сектору внутрішнього аудиту та програму боротьби з шахрайством, яка використовує автоматизований моніторинг, що ґрунтується на алгоритмах виявлення потенційно шахрайських заяв на виплати. Автоматизований моніторинг повинен супроводжуватися візитами до медичних закладів з метою розслідування випадків; частоту таких візитів варто було би збільшити. Такий підхід вимагає посилення п'яти міжрегіональних департаментів НСЗУ, а також прийняття та впровадження проєктів підзаконних актів (уже підготовлених) як підґрунтя для накладання санкцій і штрафів на надавачів послуг. Належною практикою для керівництва НСЗУ була б також розробка реєстру ризиків для документування стратегічних, фінансових, операційних і репутаційних ризиків та відповідних заходів ризик-менеджменту, які б регулярно переглядалися підрозділом внутрішнього аудиту.

Для успішної реалізації нової комплексної ролі стратегічного закупівельника НСЗУ повинна стати високоспроможною організацією з потужним кадровим та ІТ-потенціалом. Її кадрове наповнення (266 працівників центрального офісу та 53 працівника в міжрегіональних департаментах станом на лютий 2021 р.) та розмір її адміністративного бюджету порівняно з бюджетом програми на закупівлю послуг (0,23 відсотка) є дуже «тонкими», що обмежує повноцінну реалізацію нею своєї функції стратегічного закупівельника. Серед питань, які потребують вирішення, слід згадати дефіцит аналітичного персоналу в НСЗУ, зокрема у п'яти міжрегіональних департаментах, а також в МОЗ, який переходить до інших секторів, зокрема ІТ, частково з причини низької заробітної плати. МОЗ повинно розглянути (і) збільшення штату НСЗУ в межах уже затверджених загальних лімітів, забезпечуючи гнучкість кадрових перестановок між центральним офісом та міжрегіональними департаментами, а також (іі) розвиток аналітичного потенціалу НСЗУ для підтримки розвитку стратегічних закупівель. Окрім людських ресурсів, НСЗУ повинна суттєво розширювати та зміцнювати свої ІТ-системи. Щодо більшості свого програмного забезпечення НСЗУ залежить від зовнішнього фінансування партнерів з розвитку і не має ресурсів для оновлень і ліцензій. У середньостроковій перспективі—з огляду на подальший розвиток системи е-здоров'я для надавачів медичних послуг—важливо інвестувати в скоординовану розробку систем ІТ та управління даними НСЗУ, щоб забезпечити інтеграцію з більш загальною системою е-здоров'я та уникнути дублювання систем.

Цей звіт пропонує такі рекомендації щодо вдосконалення управління для ПМГ:

- Створити комітет Кабміну, який би діяв як наглядовий комітет НСЗУ, та сприяти покращенню міжвідомчої координації між Мінфіном, МОЗ, НСЗУ та іншими міністерствами при визначенні стратегічних напрямів НСЗУ та досягненні консенсусу з таких питань, як стратегія фінансування системи охорони здоров'я, а також бюджет і тарифи ПМГ.
- У рамках нового підходу щодо здійснення Кабміном орієнтованого на результат нагляду за реалізацією політики розглянути можливість пілотування механізму, за допомогою якого МОЗ забезпечить підзвітність НСЗУ перед Кабміном щодо релевантних аспектів реалізації секторальної політики шляхом чіткого визначення відповідальності за погодження та перегляд цілей щодо результатів діяльності.

- Розробити організаційну стратегію НСЗУ, узгоджену зі стратегією фінансування системи охорони здоров'я, з цілями та показниками ефективності, запропонованими вище, за якими НСЗУ могла би бути підзвітною перед Кабміном.
- Створити в структурі МОЗ невеликий постійний підрозділ, що матиме технічну експертизу щодо політики фінансування системи охорони здоров'я, щоб забезпечити МОЗ можливість краще виконувати свої функції з нагляду та управління стосовно НСЗУ, включаючи його роль у комітеті Кабміну, що здійснюватиме нагляд за НСЗУ.
- Уточнити функції та процедури РГК в контексті управління НСЗУ в наказі Кабміну, включаючи інформацію та звіти, які НСЗУ повинна надавати РГК, а також формалізувати механізм, за яким РГК може надавати свої висновки та рекомендації МОЗ та запропонованому вище комітету Кабміну.

ПРИМІТКИ

1. МОЗ визначило 212 лікарень, які включені до Спроможної мережі для стаціонарної допомоги. План спроможної мережі затверджено Кабінетом Міністрів України у січні 2020 р.
2. З ПМГ все ще виключені вузькоспеціалізовані та експериментальні процедури, які надаються в основному установами, які підпорядковуються Національній академії медичних наук України, а не МОЗ, і які можна вважати «четвертинною медичною допомогою». Передбачається, що всі ці передові послуги в кінцевому підсумку будуть поглинені ПМГ, яка наразі охоплює послуги до третинного рівня медичної допомоги. Юридичний мандат ПМГ охоплює третинну допомогу; він не відмежовує четвертинний рівень від третинного.
3. Європейський регіон у цьому звіті посилається на Європейський регіон ВООЗ. До неї входять Австрія, Азербайджан, Албанія, Андорра, Бельгія, Білорусь, Болгарія, Боснія і Герцеговина, Вірменія, Греція, Грузія, Данія, Естонія, Ізраїль, Ірландія, Ісландія, Іспанія, Італія, Казахстан, Кіпр, Киргизстан, Латвія, Литва, Люксембург, Мальта, Молдова, Монако, Нідерланди, Німеччина, Норвегія, Північна Македонія, Польща, Португалія, Російська Федерація, Румунія, Сан-Марино, Сербія, Словаччина, Словенія, Сполучене Королівство, Таджикистан, Туреччина, Туркменістан, Угорщина, Узбекистан, Україна, Фінляндія, Франція, Хорватія, Чехія, Чорногорія, Швейцарія, Швеція.
4. Виплати «з кишені», що перевищують 10 відсотків загального споживання домогосподарств, є глобальним показником, який використовується для моніторингу катастрофічних витрат на охорону здоров'я в рамках Цілі сталого розвитку (ЦСР) 3.8 щодо універсального охоплення послугами охорони здоров'я. Держави-члени Європейського регіону ВООЗ також відстежують катастрофічні витрати, використовуючи підхід «платоспроможність», який є більш чутливим до фінансових труднощів серед бідних домогосподарств, ніж підхід ЦСР. Здатність платити за медичне обслуговування залежить від країни та вимірюється як загальне споживання домогосподарства мінус стандартна сума для покриття базових потреб, як-от харчування, житло та комунальні послуги.
5. Загальні потреби в погашенні боргу лише у 2021 р. за прогнозами становитимуть 10 відсотків ВВП.
6. Плани місцевих бюджетів на 2021 р. ще не були затверджені на момент написання цього звіту, тому зведена інформація щодо видатків на охорону здоров'я була недоступна.
7. Державні видатки на сектор охорони здоров'я в Україні зараз відповідають мінімуму (12 відсотків), який ВООЗ Європа рекомендує своїм державам-членам.
8. Незважаючи на збільшення кількості пацієнтів, кількість рецептів значно скоротилася під час пандемії COVID-19. Наприклад, у листопаді 2020 р. кількість рецептів скоротилася майже на чверть у порівнянні з попереднім роком, згідно з даними НСЗУ.
9. Показники розраховані за допомогою дашборду НСЗУ (для даних про кількість аптек) та Державної служби статистики України (для даних про кількість населення).

10. Див. https://zakon.rada.gov.ua/laws/show/133-2021-%D0%BF#Text.
11. Дані по Україні за 2019 р. (Центр медичної статистики МОЗ); Дані щодо ЄС-13 - за 2018 р. (https://stats.oecd.org/).
12. Вартість доплат до існуючих контрактів НСЗУ через ПМГ була розрахована на основі фактичної чисельності персоналу. Лікарям підвищили заробітну плату на 70%, медичним сестрам/братам—на 50%, молодшому медичному персоналу—на 30%.

2 Фінансування пакетів медичних послуг за Програмою медичних гарантій

ЩО ЯВЛЯЄ СОБОЮ ПРОГРАМА МЕДИЧНИХ ГАРАНТІЙ?

Програма медичних гарантій (ПМГ) визначає національний пакет медичних послуг і фінансується за допомогою єдиної програми з державного бюджету. До впровадження реформи фінансування охорони здоров'я 2017 р. більшість медичних послуг в Україні фінансувалися через органи місцевого самоврядування (ОМС), які отримували цільові субвенції на охорону здоров'я з державного бюджету та доповнювали ці суми місцевими доходами. Таким чином, загальні податки, що збираються централізовано, такі як податок на додану вартість (ПДВ), спрямовувалися до близько 800 регіональних та місцевих бюджетів областей, районів, міст і громад,[1] що створювало високий ступінь фрагментації. Основним нововведенням реформи було об'єднання більшості державних видатків на охорону здоров'я в рамках єдиної центральної програми, яку виконує національний замовник—Національна служба здоров'я України (НСЗУ). Ця програма охоплює закупівлю медичних послуг, що входять до ПМГ. Закон 2017 р. визначає ПМГ як опис медичних товарів і послуг, які повністю фінансуються державою, тому його зазвичай розуміють як специфікацію національного пакету медичних послуг. У той же час, ПМГ також є програмою в рамках державного бюджету, яка оплачує більшість закупівель цих послуг і товарів. Частина ПМГ продовжує доповнюватися за рахунок ОМС через менші місцеві програми.

Хоча реформа переклала більшу частину відповідальності за фінансування ПМГ на центральний уряд, ОМС досі відповідають за фінансування витрат на комунальні послуги за рахунок місцевих доходів. НСЗУ купує послуги ПМГ на основі тарифів, які не передбачають чіткої класифікації за компонентами витрат, такими як капітаційна ставка, кількість випадків і глобальні бюджети. Це є відходом від попередньої системи фінансування, коли бюджети закладів затверджувалися та фінансувалися суворо за категоріями економічної класифікації на основі відповідних нормативів витрат. Разом з тим, закон зобов'язує ОМС, як власників закладів, оплачувати комунальні витрати на послуги в ПМГ. Це правило було введено як тимчасовий захід на тлі значного фіскального тиску на уряд після економічної кризи 2014–2015 рр., виходячи з припущення, що ставки НСЗУ в цьому контексті були недостатніми для покриття витрат на комунальні послуги. Питання щодо того, чи були ставки справді недостатніми, залишалося предметом судження, оскільки методологія розрахунку витрат ПМГ не була точною в ці перші роки. Розмір капітаційної ставки на рівні первинної медичної допомоги (ПМД), запроваджений у 2018 р., був оцінений таким чином, щоб покривати всі поточні витрати, включно з комунальними послугами, і навіть забезпечував певний простір для невеликих капітальних вкладень, залежно від обраної організації надання послуг. Як наслідок, визначення відповідальності ОМС за конкретні витратні компоненти в поєднанні з умисно широким визначенням тарифів НСЗУ з точки зору охоплення ними складових витрат створило ризики дублювання або недофінансування послуг.

ОМС також залишають за собою право доповнювати поточні витрати, які несе ПМГ. Запровадивши ПМГ, уряд об'єднав відповідальність за більшу частину фінансування лікувальної допомоги на центральному рівні влади. Однак, на додаток до відповідальності за покриття витрат на комунальні послуги, новий підхід дозволив ОМС доповнювати інші поточні витрати надавачів ПМГ місцевими доходами. Таким чином, ОМС отримали можливість субсидувати збиткові комунальні заклади, покриваючи їхні дефіцити та борги.

ПМГ фінансується НСЗУ в рамках бюджетного обмеження, за яке проголосував парламент (Верховна Рада), але це обмеження пом'якшується за рахунок дублювання у розподілі відповідальності за фінансування з ОМС. Річний розподіл коштів на ПМГ затверджується в рамках закону про бюджет. Парламент (Верховна Рада) голосує за загальний розподіл програми без фрагментації за окремими компонентами, і цей загальний ліміт програми не може змінитися без внесення поправок до закону про бюджет.[2] Однак, направлення додаткових коштів ОМС до фінансування ПМГ створює дублювання між фінансуванням урядом і ОМС. З одного боку, це дублювання дає можливість ОМС як власникам місцевих лікарень покривати свої дефіцити та мотивує ОМС працювати над усуненням проблеми неефективності надання лікарняних послуг. З іншого боку, можливість для ОМС рятувати неефективні лікарні є потенційною перешкодою для досягнення підвищення ефективності завдяки жорстким бюджетним обмеженням, які були б накладені, якби існував лише центральний розподіл коштів.

Послуги, які вже включені до ПМГ, і ті, які будуть включені до ПМГ в майбутньому, становлять щонайменше три чверті консолідованих державою витрат на охорону здоров'я, а решта спрямовується на фінансування профілактичних, адміністративних та дослідницьких функцій. ПМГ було запроваджено у 2018 р., спочатку охоплюючи лише послуги ПМД. З 1 квітня 2020 р. його розширили, включивши спеціалізовану та екстрену допомогу, а також Програму «Доступні ліки» (ПДЛ), яка відшкодовує лікарські засоби для амбулаторного лікування. За оцінками, у 2020 р. цей розширений пакет послуг витратив 68 відсотків загальних консолідованих витрат на охорону здоров'я. Як показано на рисунку 2.1, ця сума включала 53 відсотки, витрачені за рахунок НСЗУ на ПМГ та 9 відсотків, витрачених ОМС на фінансування спеціалізованої та екстреної допомоги протягом першого кварталу, коли вона ще не була об'єднана в рамках ПМГ та фінансувалася за рахунок медичної субвенції. Вона також включала 6 відсотків, сплачених ОМС для безпосереднього покриття комунальних витрат, пов'язаних з ОМС; хоча комунальні платежі не об'єднуються через НСЗУ, вони являють собою витрати на послуги, що входять до пакету ПМГ. Крім того, реформа передбачає, що ціла низка високоспеціалізованих медичних послуг, які зараз фінансуються Міністерством охорони здоров'я (МОЗ) та іншими центральними установами, буде в кінцевому підсумку поглинено ОМС; їхня приблизна

РИСУНОК 2.1

Зведені видатки на охорону здоров'я: план на 2020 р., червень 2020 р.

Джерело: Державна казначейська служба України.

Примітки: МОЗ = Міністерство охорони здоров'я; Мінсоц = Міністерство соціальної політики; НАН = Національна академія наук; ПМГ = Програма медичних гарантій; Спа = заклади, що надають послуги санаторного лікування, які включають елемент охорони здоров'я для підтримки процесу лікування та реабілітації пацієнтів.

вартість у 2020 р. становила близько 5 відсотків консолідованих державних витрат на охорону здоров'я. Всі ці послуги ПМГ та проксі-ПМГ разом становлять 73 відсотки консолідованих витрат на охорону здоров'я. Сюди не входять капітальні витрати, які сплачуються ОМС, які володіють установами, що надають послуги ПМГ – близько 6 відсотків консолідованих витрат на охорону здоров'я – та інвестиції МОЗ у високоспеціалізовані державні лікарні, що підпорядковані міністерству.

не стільки запроваджує нові послуги, скільки краще артикулює та концентрує у чіткіший пакет послуг широку обіцянку безкоштовної медичної допомоги. Конституція України містить відкрите зобов'язання держави «організувати та фінансувати медичні послуги для забезпечення права кожної людини на охорону свого здоров'я» та забезпечити безкоштовне надання медичних послуг національними закладами. ПМГ перетворює це відкрите зобов'язання на більш чіткий пакет послуг, який може бути гарантований населенню страхові схеми, які фінансуються державою. Закон вимагає від ПМГ покривати весь спектр допомоги—первинну, спеціалізовану, екстрену, реабілітаційну та паліативну допомогу—але на основі кількісного переліку послуг, які необхідно придбати за узгодженою ціною. Відповідно до закону 2017 р., ПМГ охоплює всіх громадян України, постійних мешканців та біженців[3], і тому є по суті вичерпним у своєму охопленні населення. Паралельно з бюджетом охорони здоров'я, що витрачається на ПМГ, Україна продовжує окремо фінансувати медичне обслуговування військовослужбовців та працівників цивільної безпеки, а також медичні послуги, що надаються в пенітенціарній системі та закладах соціального обслуговування-інтернат. Ці видатки включені до бюджетів інших секторів, не класифікуються як охорона здоров'я, і їх важко відстежити. Нова Доктрина військової медицини, затверджена у 2018 р., має намір інтегрувати військову медичну допомогу в те, що вона називає «єдиним медичним простором України», але без чіткого визначення цього терміну, включно з тим, чи буде військова охорона здоров'я включена до загальнодержавного бюджету охорони здоров'я і потенційно оплачуватися через ПМГ. Уряду також необхідно розробити своє бачення координації ПМГ з видатками на медицину в соціальному секторі.

РОЛЬ ПРИВАТНИХ ВИТРАТ «З КИШЕНІ»

В Україні спостерігається надзвичайно високий рівень власних витрат «з кишені» на охорону здоров'я, які, як частка поточних витрат на охорону здоров'я, швидко збільшуються. У 2018 р. витрати «з кишені» склали 49,3 відсотка поточних витрат країни на охорону здоров'я[4]. Цей показник значно перевищує середній показник країн із нижчим середнім доходом (ЗРСД), що становить 38,4 відсотки, хоча він подібний до середнього значення для країн з нижчим середнім доходом у Європейському регіоні, що становить 50,6 відсотка (рис. 2.2) і суттєво збільшився з 38 відсотків у 2005 р.[5] В абсолютному вираженні витрати «з кишені» швидко зросли за останнє десятиліття, з 2,3 відсотка валового внутрішнього продукту (ВВП) у 2005 р. до 3,7 відсотка ВВП у 2018 р., тоді як державні витрати на охорону здоров'я залишилися майже незмінними, на рівні 3,7 відсотка ВВП за той же період. Приватні об'єднані витрати не є важливим джерелом фінансування системи охорони здоров'я в Україні, оскільки приватне медичне страхування не є широко поширеним; у 2018 р. за рахунок нього профінансовано близько 0,9 відсотка загальних поточних витрат на охорону здоров'я.[6]

Витрати «з кишені» в Україні значною мірою зосереджені на оплаті лікарських засобів та виробів медичного призначення Серед загальних витрат «з кишені» 74,9 відсотка витрачається на безрецептурні лікарські засоби і вироби медичного призначення, виходячи з Національних рахунків охорони здоров'я (НРОЗ) за 2018 р., причому деякі з цих покупок згодом використовуються цими пацієнтами під час стаціонарного лікування. З існуючих офіційних опитувань неможливо визначити точний відсоток лікарських засобів, куплених «з кишені», які використовуються у стаціонарному лікуванні. Також в Україні не існує еквіваленту Огляду використання та витрат на охорону здоров'я (HUES), який би визначив, які конкретні типи станів пов'язані з найвищим рівнем витрат на лікарські засоби, що вказує на потенційний розрив у державному фінансуванні відповідного виду допомоги. Проте опитування Індексу здоров'я України за 2019 р. показує, що із загальної кількості призначених лікарських засобів, тобто придбання у результаті відвідування медичного працівника в амбулаторних або стаціонарних умовах, близько 38,8 відсотка використовується в амбулаторних умовах, а 61,2 відсотка використовується в лікарнях. Незрозуміло, яка частка всіх покупок здійснюється без відвідування медичних закладів і без отримання медичної консультації (самолікування).

Хоча частка консолідованого державного бюджету охорони здоров'я,[7] витраченого на лікарські засоби, здається в цілому порівнянною з країнами Організації економічного співробітництва та розвитку (ОЕСР), Україна витрачає набагато меншу частку цього бюджету на фінансування рецептурних лікарських засобів. У 2015 р., останньому р., за який доступні належним чином дезагреговані дані, лікарські засоби, прилади та інші вироби медичного призначення[8] становили 17,9% консолідованих державою поточних витрат на охорону здоров'я (див. графік 2.3). Зокрема, 8,4 відсотка консолідованих поточних витрат на охорону

РИСУНОК 2.2

Витрати «з кишені» як частка витрат на охорону здоров'я, 2000–2018 рр.

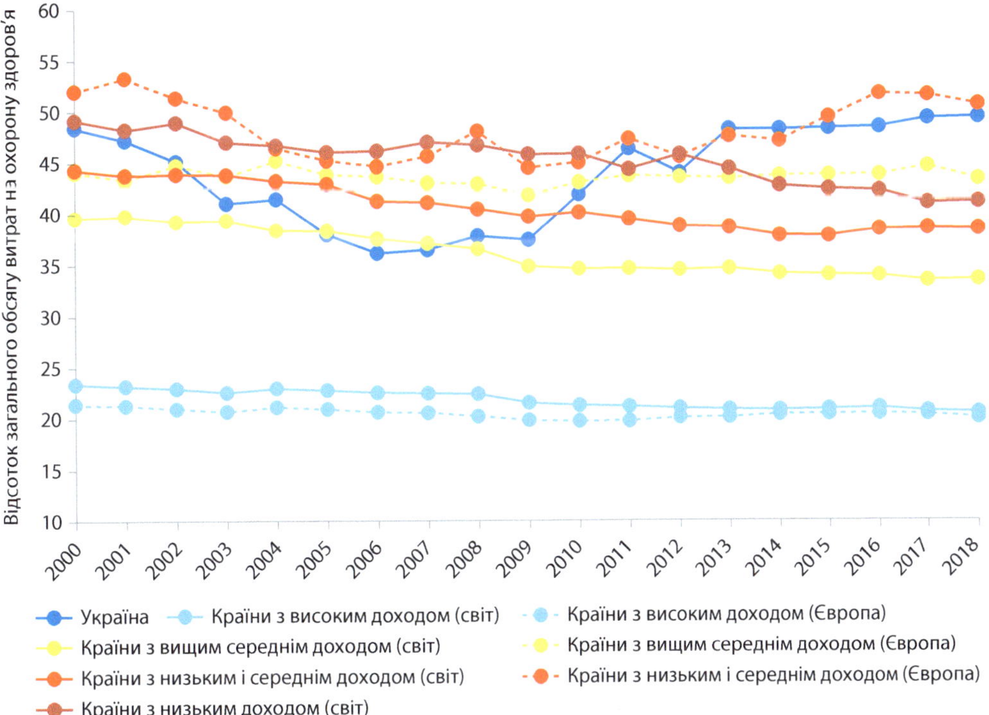

Джерела: Державна служба статистики України (для України); Індикатори світового розвитку; Глобальна база даних про витрати на охорону здоров'я (https://apps.who.int/nha/database).
Примітка: Середні значення для регіонів не зважені на кількість населення.

здоров'я припадає на вироби медичного призначення, що використовуються в лікарнях, і 0,8 відсотка—в поліклініках. Крім того, 8,6 відсотка видатків на охорону здоров'я у зведеному бюджеті на вироби медичного призначення було витрачено шляхом централізованих закупівель. На той час ПДЛ ще не було запущено, а державне фінансування рецептурних лікарських засобів, призначених після контакту з медичним працівником, а не під час отримання стаціонарної чи амбулаторної допомоги, майже не існувало. У країнах ОЕСР частка загальних поточних витрат на державному рівні на охорону здоров'я чи обов'язкових схем на лікарські засоби у 2015 р. (останній доступний рік) коливалася від 7,6 відсотка в Данії до 16,9 відсотка в Іспанії[9]. Виходячи з того, що значна частина державних витрат України на вироби медичного призначення була витрачена на лікарські засоби, загальна частка бюджету, витраченого на фінансування лікарських засобів в Україні, виглядає в цілому порівнянною з європейськими сусідами. Однак витрати на призначені лікарські засоби в цих країнах для порівняння коливаються від 2,5% поточних витрат на охорону здоров'я в Данії до 10,2% в Іспанії. Натомість ці витрати в Україні значно нижчі, навіть із запровадженням ПДЛ (що дорівнювало 0,9 відсотка загальних поточних консолідованих витрат на охорону здоров'я у 2018 р.). Як наслідок, більшість своїх амбулаторних лікарських засобів українці оплачують «з кишені»; у 2018 р. частка фінансування виробів медичного призначення домогосподарствами становила 99,8 відсотка.[10] Це означає, що потенційне розширення ПДЛ у складі ПМГ мало б критичне значення для захисту населення від витрат «з кишені».

Відсутність доступності лікарських засобів і медичних досліджень пояснює зростаючий рівень незадоволених потреб у медичній допомозі, за які вони повідомляють, особливо в найбіднішому децилі. Про незадоволені потреби в медичних послугах в Україні повідомляють близько 24,5% усіх домогосподарств (середній показник за 2017–2018 рр.[11]).[12] Цей відсоток незадоволених потреб у медичних послугах зріс у 1,4 рази з 2009 р. і є найкритичнішим щодо лікарських засобів (82 відсотки всіх домогосподарств, які повідомили про незадоволені медичні потреби, відмовилися від придбання лікарських засобів) і діагностичних досліджень (54 відсотки всіх домогосподарств, які повідомили про незадоволені медичні потреби, відмовилися від проходження діагностичних досліджень). Основною причиною відмови від медичних послуг є вартість, особливо серед сільських жителів. Найбільше зростання незадоволених потреб медичних послуг протягом 2009–2018 р. було зареєстровано в найбіднішому децилі населення та трьох найбагатших децилях населення. Через відносно більший ріст незадоволених потреб серед найбагатших груп соціально-економічна нерівність зареєстрованих незадоволених потреб у медичних послугах зменшилася протягом 2009–2018 р., як показано на рисунку 2.4. Індекс концентрації[13], який вимірює відхилення розподілу доходу незадоволених потреб від лінії повної рівності, змінився з −0,15 до −0,12 протягом цих років.[14]

Протягом останнього десятиліття в Україні збільшується частота катастрофічних витрат—ці дані отримуються за допомогою будь-якого методу вимірювання. У період з 2010 по 2019 р. частка населення, яка витрачає на охорону здоров'я більше 10 відсотків від загального бюджету споживання зросла з 6,9 відсотка до 7,8 відсотка, тоді як частка домогосподарств, витрати на охорону здоров'я яких перевищили нормативний поріг, що був розроблений і використовується для Європейського регіону Всесвітньої Організації Охорони Здоров'я (ВООЗ) зросла з 11,5% до 16,7%.[15] Аналіз показує, що катастрофічні витрати значною мірою зосереджені в найбіднішому квінтилі споживання.

РИСУНОК 2.3

Витрати на вироби медичного призначення—лікарські засоби, обладнання та інші медичні вироби—у межах загальних поточних видатків на охорону здоров'я у зведеному бюджеті України на 2015 р.

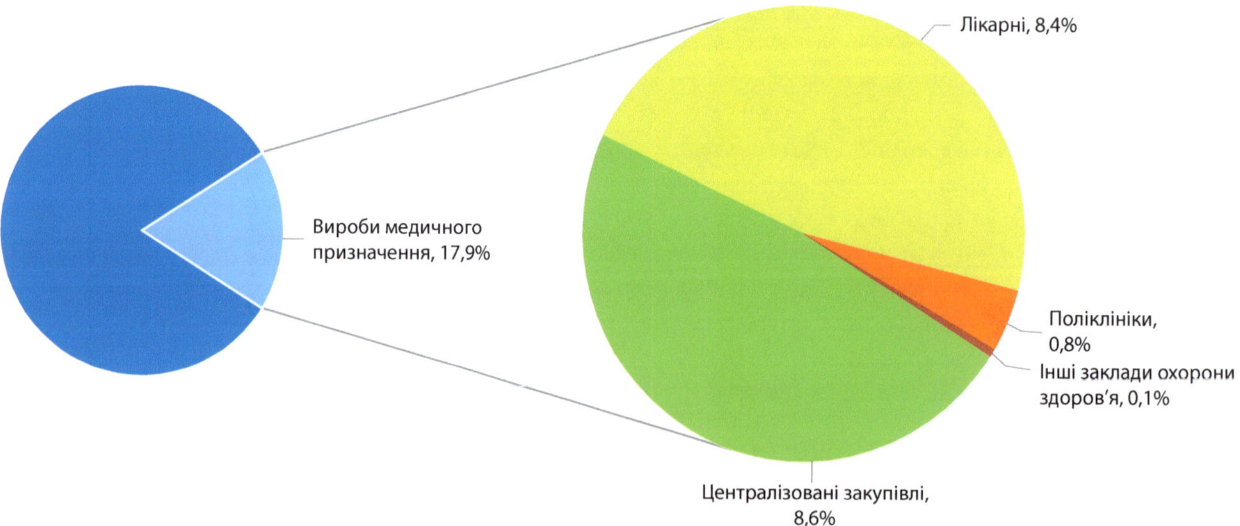

Джерело: Інформаційна база Світового Банку BOOST : 2015

РИСУНОК 2.4

Соціально-економічна нерівність у незадоволеній потребі в медичних послугах, про яку заявляють: зміни індексу концентрації у 2009–2018 рр.

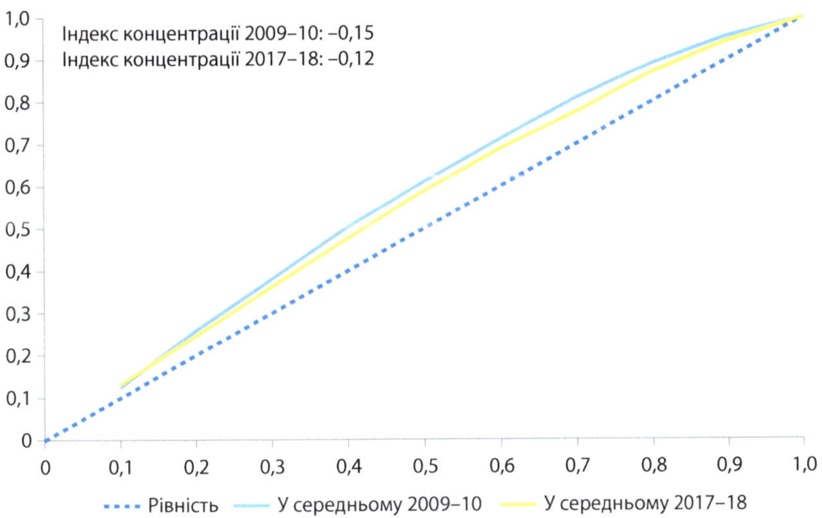

Джерело: Розрахунки ґрунтуються на даних, зібраних Державною службою статистики України за допомогою модуля «Опитування умов життя домогосподарств» за 2009–2018 рр. щодо самооцінки стану здоров'я.
Примітка: частота повідомленої незадоволеної потреби в медичних послугах на цьому Рисунку, вимірюється як відсоток домогосподарств, які повідомили про незадоволені потреби в медичних послугах, до загальної кількості домогосподарств відповідної категорії.

РИСУНОК 2.5

Розподіл витрат «з кишені» за видами медичної допомоги та квінтилем споживання, 2019 р.

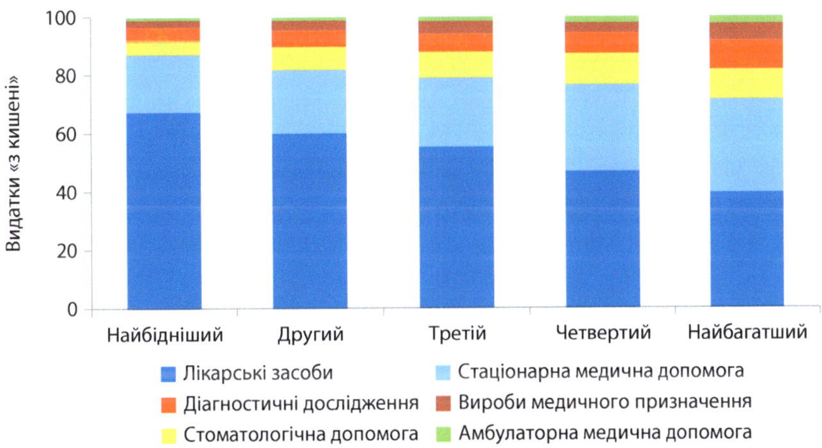

Джерело: Європейське регіональне бюро ВООЗ, на основі даних дослідження бюджету домогосподарств від Державного управління статистики.

ПРОЦЕС РОЗРОБКИ ПАКЕТУ ПОСЛУГ ПМГ, РОЗРАХУНКУ ВИТРАТ ТА БЮДЖЕТУ

Усі системи охорони здоров'я нормують право на медичні послуги через бюджетні обмеження, але вони суттєво відрізняються тим, наскільки зрозумілим є цей вибір. Якщо нормування не є зрозумілим, рішення про те, хто буде виключений або які послуги не охоплені, приймаються на основі прихованих правил, визначених надавачами в пункті надання допомоги. Це призводить до витрат «з кишені» або відмови в обслуговуванні. З іншого боку, чітке нормування передбачає, що вибір щодо того, які послуги не покриваються, та які особи виключені, робиться відкрито та систематично, на основі прозоро обговорених пріоритетів, формалізованого розподілу витрат та конкретизації прав у рамках гарантованого пакету послуг.

З медичною реформою 2017 р. Україна перейшла від системи, де послуги нормувалися дуже непрозорим способом, до нової системи, яка передбачає більш чітке нормування, але залишає уряду вибирати, наскільки чітким буде новий підхід до нормування. До реформи системи фінансування охорони здоров'я в Україні існував високий ступінь нечіткого нормування послуг, що було наслідком широкого, відкритого конституційного зобов'язання щодо безкоштовного медичного обслуговування та відсутності чітких механізмів узгодження надання медичної допомоги з бюджетними обмеженнями. Реформа 2017 р. встановила правило визначення мінімального пакету послуг на основі прозоро визначених критеріїв. Однак закон не передбачав особливого ступеня чіткості для специфікації ПМГ; це вирішується положеннями ПМГ, які повинні бути визначені Кабміном.

Правила, що регулюють процес проектування ПМГ, є досить широкими і надають Кабміну значну свободу дій у визначенні пакету. Уряд працював над початковим проектом ПМГ в контексті широких і неперевірених процедурних правил. Це призвело до суттєвих змін у підході протягом 2019–2020 р., які включали збільшення повноважень Кабміну у прийнятті рішень (порівняно з парламентом) та поступове зниження прозорості прийняття рішень. Приклади зниження прозорості включають наступне:

- У той час як закон 2017 р. вказував, що зміст і ціни ПМГ будуть затверджуватись парламентом як частина закону про річний бюджет, у 2020 та 2021 р. це повноваження було делеговано Кабміну. Відповідно до Закону про державні фінансові гарантії медичного обслуговування населення від 2017 р., щорічний бюджет ПМГ та деталі програми—вміст і тарифи—мають бути переглянуті НСЗУ, МОЗ та Мінфін та затверджені парламентом як частина закону про річний бюджет. Однак вимога щодо голосування парламентом щодо вмісту та тарифів ПМГ була призупинена на 2020 та 2021 р. через зміни до закону 2017 р. Як наслідок, бюджетні закони містять бюджетні асигнування ПМГ, але не містять жодних деталей; вони затверджуються окремо Кабміном.
- Нинішні правила технічної розробки ПМГ є дуже широкими. Рамковий закон[16] делегує МОЗу завдання створення правил розробки ПМГ. Ці правила, видані МОЗ у липні 2019 р., є широкими. У документі[17] зазначено, що ПМГ має містити опис послуг із зазначенням механізмів оплати та тарифів; що він має бути розроблений НСЗУ та затверджений МОЗом та Мінфіном; і що він повинен не лише відображати національні пріоритети охорони здоров'я, визначені МОЗ, але й охоплювати повний перелік основних послуг, вибраних на основі їх економічної ефективності, доступності та забезпечувати справедливість програми і фінансовий захист
- МОЗ не поширює публічно методологію визначення національних пріоритетів охорони здоров'я, на якій базується ПМГ. У грудні 2018 р. МОЗ розробило проект національних пріоритетів охорони здоров'я, включаючи методологію їх вибору з даними за кожним із критеріїв, але цей проект так і не був офіційно опублікований. Офіційно оголошені національні пріоритети охорони здоров'я були опубліковані на сайті МОЗ 15 січня 2020 р.

(Новини МОЗ України 2020), менш ніж за місяць до затвердження ПМГ. Було перераховано п'ять пріоритетних видів допомоги: лікування гострого інфаркту міокарда, лікування гострого мозкового інсульту, медична допомога при пологах, неонатальна допомога та ендоскопічний скринінг онкологічних захворювань. Ці пріоритети не подали в офіційному документі та не було надано жодних деталей щодо методології їх вибору. Подальших оновлень пріоритетів МОЗ не було оприлюднено, тому список на 2020 р. залишався чинним для розробки ПМГ на 2021 р.

- Немає чітких рамок, які б регулювали те, як НСЗУ розробляє пакети ПМГ та специфікації контрактів. НСЗУ розробляє проект ПМГ, включаючи структуру пакету, покриття послуг, специфікації та ціни, без чітко визначеної методології. Проект ПМГ обговорювався з медичними експертами та громадськістю, але без чіткої структури, яка б керувала такими консультаціями. Важливо, щоб цей процес ставав більш прозорим і пов'язаним із ретельно розробленими правилами, щоб гарантувати, що він ґрунтується на доказах, не містить конфлікту інтересів та надає відповідним зацікавленим сторонам достатні можливості для внесення інформації та створення позитивних змін.
- Відсутня прозора, загальнодоступна методологія розрахунку витрат та встановлення цін ПМГ. Тарифи, встановлені НСЗУ для пакетів послуг ПМГ, а також загальна потреба у фінансуванні програми були визначені без прозорої методології та публічного доступу до відповідних даних. Це ускладнює оцінку рівня фінансування ПМГ та вибору критеріїв нормування послуг у проекті ПМГ.

Хоча ширші реформи управління державними фінансами (УДФ) 2018 р. передбачали перехід до середньострокового бюджетного планування, вони були призупинені в 2020 р., фактично обмеживши процес розробки ПМГ до однорічного горизонту, який є занадто коротким. Структура середньострокового бюджетного планування, запроваджена в Україні в грудні 2018., дозволила уряду розпочати консультації щодо стратегічного фінансування ПМГ на досить ранній стадії. На початку 2019 р. МОЗ підготувало пропозиції щодо фінансування на 2020–2022 р. для повноцінного ПМГ, в якому широко визначено шлях реформування. Це включало приблизний вибір пріоритетних класів послуг, щоб продовжити поповнювати бюджет ПМГ місцевими надходженнями шляхом делегування покриття витрат на комунальні послуги ОМС в середньостроковій перспективі—і план спрямування очікуваного на той час збільшення розподілу ПМГ на фінансування пріоритетних послуг та виробів медичного призначення. Однак декларацію про загальнодержавний бюджет на 2020–2022 р., яка включала трирічний горизонт плануванн ПМГ, Кабмін не затвердив. У 2020 р. уряд повністю призупинив дію середньострокового процесу бюджетування через невизначеність, пов'язану з COVID-19. Призупинення, імовірно, було необхідною мірою реагування на пандемію, що давало уряду гнучкість в умовах крайньої невизначеності. Однак цей прикрий збіг між кризою та розгортанням реформи ускладнив для уряду прихильність до траєкторії реформи у найближчі роки.

Уряд не затверджує граничні розміри витрат МОЗ/НСЗУ до підготовки ПМГ. Секторні обмеження, надані Мінфіном розпорядникам бюджетних коштів для інформування про підготовку бюджетних пропозицій, не затверджуються Кабміном до тих пір, поки він не проголосує весь проект бюджету або 3-річну бюджетну декларацію. Це означає, що обмеження можуть суттєво змінюватися протягом процесу підготовки бюджету, залишаючи розпорядники коштів, як-от

МОЗ/НСЗУ, без надійного бюджетного пакета для підготовки своїх пропозицій. Остання оцінка державних витрат та фінансової підзвітності української системи УДФ відзначає це як загальну слабкість бюджету в Україні та рекомендує політичному керівництву займатися встановленням пріоритетів на набагато більш ранньому етапі процесу бюджетування (Світовий банк 2019).

З огляду на дублювання відповідальності за фінансування охорони здоров'я, немає ясності щодо того, як фідуціарні ризики, пов'язані з дефіцитом бюджету закладів, розподіляються між центральними та місцевими органами влади. Оскільки Україна перейшла від субсидій з боку пропозиції надавачам до закупівлі послуг у автономних надавачів через ПМГ, для надавачів стало можливим відчувати прогалини у фінансуванні, особливо якщо надання послуг є неефективним. Жоден закон не вимагатиме від місцевої чи центральної влади покриття прогалин у фінансуванні автономних надавачів послуг. Зокрема, місцеві адміністрації, які володіють більшістю надавачів послуг, не зобов'язані автоматично покривати свої дефіцити, і вони мають широкий спектр альтернативних підходів до збиткових надавачів. Проте ОМС мають право субсидувати поточні витрати своїх місцевих надавачів, що пом'якшує бюджетні обмеження, накладені центральним розподілом коштів ПМГ, підриваючи стимули для підвищення ефективності роботи закладів. Неефективний розподіл коштів ПМГ призводить до фінансових прогалин, і створює фідуціарний ризик, і не зрозуміло, який урядовий рівень відповідальний за це. Наприклад, хоча уряд не має прямих зобов'язань щодо усунення збитків на рівні закладів, у 2019 та 2020 роках уряд надавав дотації для покриття втрат на рівні ОМС, які виникають у результаті переходу до нових механізмів фінансування та платежів.

До тих пір, поки розробка, бюджетування і ціноутворення ПМГ відбуватиметься без зрозумілих критеріїв нормування, залишатиметься незрозумілим нормування медичних послуг, незважаючи на намір рухатися до більшої чіткості вмісту пакету послуг, гарантованого всім жителям України. Розмірковуючи щодо того, наскільки чітко буде нормуватися ПМГ, уряд зіштовхується зі складним політичним компромісом. Хоча чітке нормування є більш відкритим, прозорим і прямим, воно зазвичай є більш складним політично, оскільки полегшує визначення переможців і переможених. Розподіл ресурсів шляхом неявного нормування є більш простим технічно, оскільки немає потреби розробляти критерії нормування, і політично, оскільки результати менш помітні для громадськості. У той же час, доки уряд продовжує фінансувати ПМГ без чітко встановлених критеріїв виключення та включення осіб та послуг, нормування в рамках компонентів ПМГ триватиме неявно на рівні надавачів послуг.

ПОШУК РЕСУРСІВ ДЛЯ ЗБЕРЕЖЕННЯ ТА РОЗШИРЕННЯ ПМГ: ОБМЕЖЕННЯ ТА МОЖЛИВОСТІ ЗА МЕЖАМИ 2021 Р.

Загальний рівень державного фінансування охорони здоров'я в Україні відносно високий за рівнем доходів, але значно нижчий, ніж у сусідніх країнах Європейського Союзу (ЄС). Загальні державні витрати на охорону здоров'я в Україні вищі, ніж можна було б передбачити за рівнем її доходів. На рівні 3,7 відсотка ВВП у 2018 р., останньому доступному щодо даних НРОЗ України, державні витрати на охорону здоров'я вищі за середній показник у країнах із низьким і середнім рівнем доходу (2,78 відсотка) і близькі до країн із вищим середнім рівнем доходу (на рівні 4,0 відсотка) та країн із високим рівнем доходу, що не входять до ОЕСР (на рівні 3,86 відсотка). У той же час цей рівень фінансування громадського здоров'я нижчий, ніж у сусідів України з ЄС, більшість з яких є країнами ОЕСР з високим рівнем доходу (6,51 відсотка у 2017 р.). Наприклад, витрати на громадське здоров'я у Польщі становлять 4,5 відсотка ВВП, в Естонії - 4,8 відсотка ВВП, у Словацькій Республіці - 5,3 відсотка ВВП.

Розширення обсягу ПМГ потребуватиме додаткового фінансування, але не всі доступні варіанти генерування надходжень будуть однаково ефективними, а деякі можуть містити ризики. Важливо, щоб щорічні бюджетні асигнування до ПМГ були достатніми для покриття надання послуг, передбачених законом у пакеті послуг ПМГ, інакше неминучим буде лімітування послуг, що підриватиме надані урядом гарантії щодо медичних послуг для населення України. Можна розглянути кілька варіантів окремо або їхнє поєднання для пошуку додаткових ресурсів для розширення обсягу ПМГ. По-перше, існує можливість розширення загального фіскального пакета за рахунок нових податків або за рахунок нового боргу. По-друге, можливо перерозподіляти ресурси з інших функцій або програм шляхом зниження пріоритетності інших секторів. Третій варіант полягає в тому, щоб зменшити пріоритетність інших (що не входять до складу ПМГ) витрат на охорону здоров'я в секторі охорони здоров'я. По-четверте, можна було б переглянути міжурядову угоду про розподіл надходжень. Однак, якщо уряд вирішить передати відповідальність за оплату комунальних послуг з ОМС до централізованого бюджету і перегляне міжурядову систему надходжень, щоб відобразити зміни, це не призвело б до розширення обсягу доступного фінансування для послуг за ПМГ, а лише перерозподілить обов'язки щодо фінансування між урядовими рівнями. По-п'яте, можна було б розширити обсяг ПМГ за рахунок підвищення ефективності, включаючи покращення УДФ. І наостанок, якщо уряд розглядає можливість запровадження угоди щодо розподілу витрат—співоплати за послуги, які надаються за ПМГ, та додаткових платежів за послуги, які не покриваються ПМГ—це може нести значні ризики збільшення вже наявної в Україні значної частки витрат «з кишені» пацієнтів; це може значно збільшити адміністративні витрати та послабити стратегічні закупівлі, якщо її не буде суворо регламентовано. Кожен з цих варіантів по черзі обговорюється нижче.

Уряд зобов'язався витрачати значно більше на охорону здоров'я, зокрема на ПМГ, у 2020–2021 роках, але ще невідомо, чи ця тенденція збережеться в довгостроковій перспективі. Незважаючи на економічну рецесію, пов'язану з пандемією COVID-19, уряд значно збільшив видатки зведеного бюджету на охорону здоров'я в бюджеті на 2020 р., довівши їх до 4,24 відсотка ВВП. Сюди не включено витрати на охорону здоров'я, які враховуються поза функцією охорони здоров'я в Класифікації функцій уряду, що зробить загальну суму НРОЗ ще більшою—найвищим рівнем за останній час в Україні. Очікувалося, що у 2021 р. буде продовжено посилення пріоритетів охорони здоров'я. Хоча даних про плани бюджету ОМС на 2021 р. на момент підготовки цього звіту не було, асигнування на охорону здоров'я з центрального бюджету, включаючи трансферти на охорону здоров'я ОМС, було затверджено на рівні, що є на 14,2 відсотка (20 млрд грн) вище плану на 2020 р. і відповідає 3,6–3,8 відсотка ВВП, залежно від сценарію зростання ВВП. У затвердженому бюджеті на 2021 р. ПМГ фінансувався на рівні, що становить 20,3 відсотка збільшення в порівнянні з 2020 р. для послуг, які враховуються в ПМГ—послуг, придбаних НСЗУ, субвенції на охорону здоров'я, що використовується ОМС для оплати спеціалізованої та екстреної допомоги у першому кварталі 2020 р. та перехідні дотації на підтримку збиткових закладів. Очікувалося, що ці збільшення фінансуватимуться за рахунок нових запозичень у 2020–2021 р. та збільшення частки видатків на охорону здоров'я в центральному бюджеті у 2021 р. Крім того, у 2020 р. НСЗУ почала використовувати специфікації контракту та тарифи ПМГ для підвищення ефективності надання послуг у рамках програми— нова політика, яка стикається з низкою технічних і політичних проблем, які обговорюються в наступних розділах.

Розширення обсягу фіскального пакета (новий борг і нові податки)

Навіть до пандемії COVID-19 темпи економічного зростання України були недостатніми для обслуговування боргу без жорсткої фіскальної політики в середньостроковій перспективі. У період з 2012 по 2015 р. Україна переживала економічну рецесію, яка завершилася глибокою макрофіскальною кризою, коли ВВП у 2015 р. впав на −17,2% (див. рисунок 2.6).

До 2015 р. уряд утримував значний дефіцит, щоб підвищити пенсії та заробітної плати, у тому числі в галузі охорони здоров'я, швидко нарощуючи зовнішній державний борг (див. рисунок 2.7).

Коли криза настала в 2014–2015 р., цей борг зріс до 99,9% ВВП, що призвело до різкого знецінення валюти та потреб у рекапіталізації банків. Уряд відновив стабільність шляхом усунення основних структурних дисбалансів, таких як квазіфіскальний дефіцит в енергетичному секторі, та переходу до режиму гнучкого обмінного курсу для зменшення дефіциту поточного рахунку. Це також різко скоротило загальний державний дефіцит з 4,9 відсотка ВВП у 2014 р. до 1,8 відсотка у 2017 р., як показано на рисунку 2.8.

Протягом 2015–2019 р. консолідовані витрати зростали помірніше, ніж надходження, залишаючи простір для погашення боргу, а зведені витрати почали скорочуватися у 2018 р. (рисунок 2.9). До 2019 р. обсяг боргу скоротився майже вдвічі і становив лише 56,1 відсотка ВВП, але економічне зростання залишалося недостатнім для обслуговування цього боргу без подальшої фіскальної

РИСУНОК 2.6

Реальна зміна ВВП, у річному вимірі (у відсотках)

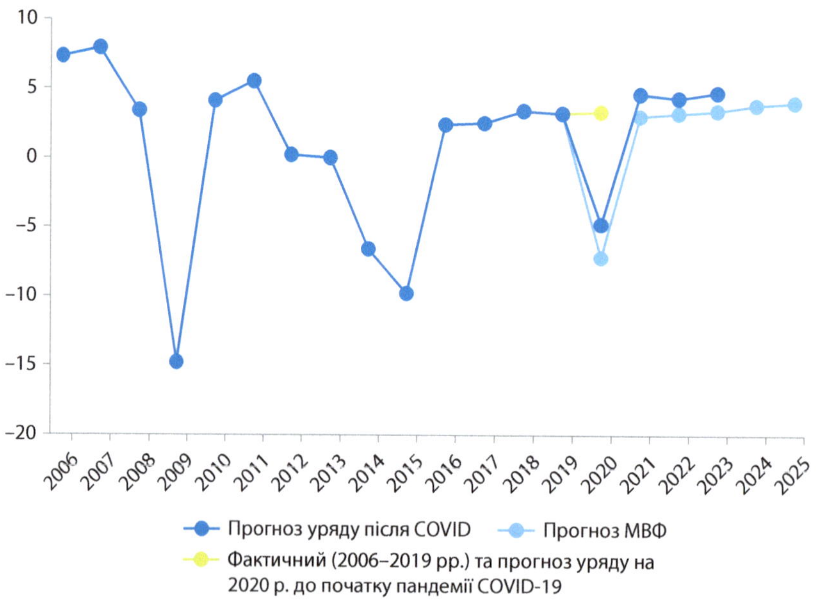

Джерела: Державна казначейська служба України; МВФ 2020.

РИСУНОК 2.7

Державний борг, включаючи гарантії, у відсотках до ВВП

Джерела: Державна казначейська служба України; МВФ 2020

РИСУНОК 2.8

Баланс бюджету сектору державного управління, включаючи фонди, у відсотках до ВВП

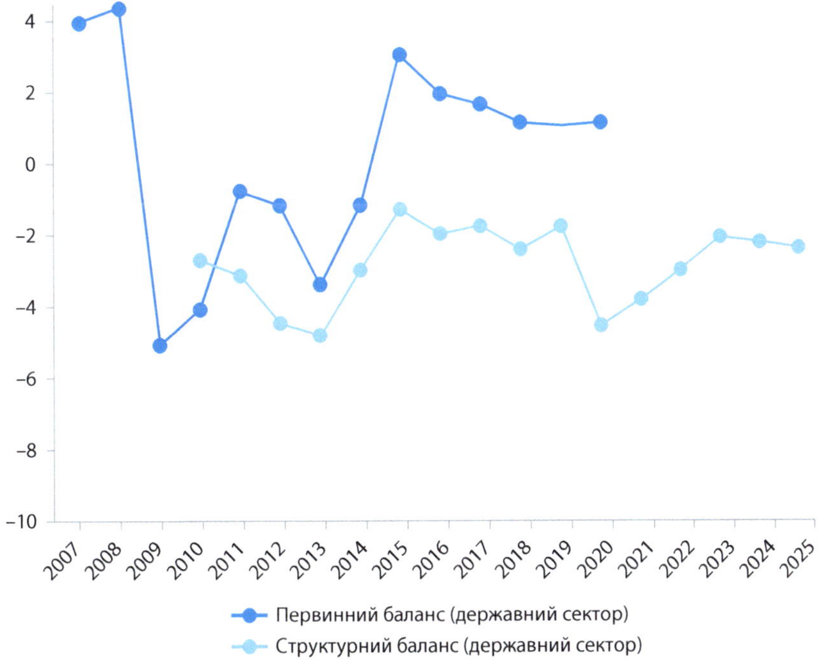

Джерела: Державна казначейська служба України; МВФ 2020.

РИСУНОК 2.9

Надходження та видатки зведеного бюджету у відсотках до ВВП

Джерела: Державна казначейська служба України; МВФ 2020.

консолідації. У 2019 р. Міжнародний валютний фонд (МВФ) рекомендував Україні підтримувати первинний профіцит на рівні 1,0–1,5 відсотка ВВП, якщо економіку не вдасться підвищити за допомогою покращення бізнес-клімату та антикорупційних реформ.

У 2019–2020 р. ВВП України почав скорочуватися, що ще більше посилилося пандемією COVID-19. Після уповільнення з середини 2019 р. економіка почала скорочуватися, і в січні 2020 р. вона впала на 0,5 відсотка порівняно з січнем 2019 р. Реагуючи на пандемію COVID-19, рецесія посилилася. Останній офіційний прогноз уряду щодо річного скорочення на 2020 р., оприлюднений 23 квітня 2020 р., становив −4,8 відсотка, тоді як останній прогноз МВФ (МВФ 2020) становить −7,2 відсотка, проілюстрований раніше на рисунку 2.6, що демонструє найкрутіший спад серед усіх Європейських країн з економікою, що розвивається,[18] за винятком Хорватії.

Реагуючи на нову економічну кризу, уряд очікував у 2020 р. отримати короткостроковий дефіцит у розмірі щонайменше 4,5 відсотка ВВП, що дозволить державному боргу повернутися до рівня 2017–2018 р. Поправки до урядового бюджету, внесені у квітні 2020 р. у відповідь на пандемію, передбачали, що консолідований дефіцит зросте з 2,3 відсотка ВВП, які спочатку планувалися на цей рік, до 8,4 відсотка ВВП у 2020 р., при цьому первинний баланс зміниться з профіциту на рівні 0,9 відсотка ВВП у дефіцит 4,7 відсотка ВВП (див. рисунок 2.10). Прогнози МВФ станом на жовтень 2020 р. передбачали, що фактичні витрати у 2020 р. будуть набагато нижчими за ці оцінки, при цьому дефіцит державного бюджету зросте лише до 4,5 відсотка ВВП, як показано раніше на рисунку 2.8.[19] Але навіть з таким нижчим прогнозованим дефіцитом очікувалося, що загальний державний борг України зросте до 65,7 відсотка ВВП у 2020 р., що близьке до середнього показника 2017–2018 р. на рівні 66,3 відсотка.

У середньостроковій перспективі МВФ прогнозував, що навіть якщо зростання відновиться у 2021 р., для повернення боргу під контроль уряду буде змушений негайно консолідувати витрати та знизити їх до рівня 2015 р. до 2025 р. МВФ очікував, що з 2021 р. економіка України почне відновлюватися, і до 2023 р. повернеться до темпів зростання, що був у 2018 р. (3,4 відсотка). Однак цей прогноз

РИСУНОК 2.10

Зведений бюджетний баланс: всіх рівнів у відсотках до ВВП

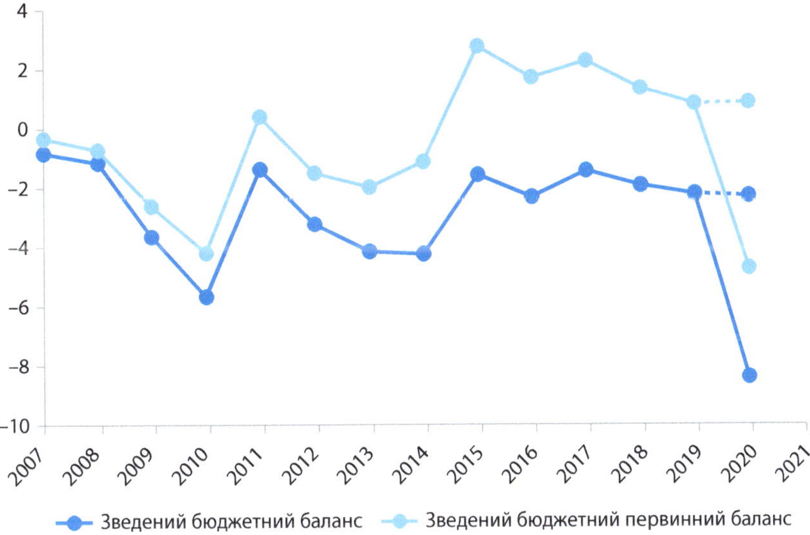

Джерела: Державна казначейська служба України; МВФ 2020.

РИСУНОК 2.11

Надходження та видатки загального державного управління, включаючи фонди, у відсотках до ВВП

Джерела: Державна казначейська служба України; МВФ 2020.

передбачав, що уряд почне консолідувати видатки у 2021 р., поступово скорочуючи загальнодержавні видатки (включаючи фонди) з 46,9 відсотка ВВП у 2020 р. до 43,0 відсотка у 2025 р.—і повертаючись до рівня 2015 р., показаного на рисунку 2.11. Це дозволило б скоротити дефіцит і до 2025 р. довести загальний борг до рівня, який був до COVID-19, як показано раніше на рисунку 2.7.

У державному бюджеті, затвердженому на 2021 р., передбачалося, що загальні витрати зменшаться порівняно з планом на 2020 р., незважаючи на триваючий дефіцит. Закон про державний бюджет на 2021 р. затвердив дефіцит центрального бюджету в розмірі 5,5 відсотка ВВП і первинний дефіцит у розмірі 2,0 відсотка (на момент написання цього звіту оцінки консолідованого або загального дефіциту не були доступні). Хоча відображається зниження порівняно з планом на 2020 р. (7,6 відсотка та 4,1 відсотка відповідно), очікувалося, що центральний бюджет залишиться на рівні первинного дефіциту, продовжуючи фіскальне розширення після COVID-19. У той же час видатки на центральному рівні зменшаться з 32,5 відсотка ВВП у Плані на 2020 р. до 29,5 відсотка ВВП, як зазначено в таблиці 2.1. Іншими словами, уряд очікував витрачати менше у 2021 р. порівняно з планом на 2020 р., навіть якщо його бюджет буде дефіцитним, що призведе до збільшення боргу. У той же час, порівняно з 2019 р., видатки будуть значно вищими—як і дефіцит; у 2019 р. державний бюджет мав первинний профіцит у розмірі 1 відсоток ВВП.

Незважаючи на загальне скорочення центральних видатків у порівнянні з планом на 2020 р. (у відсотках від ВВП), очікувалось, що центральні витрати на сектор охорони здоров'я (включаючи трансферти) значно зростуть до 3,6–3,8 відсотка ВВП. Очікувалося, що в межах видатків уряду, затверджених на 2021 р., на охорону здоров'я, включно з дотаціями ОМС, призначеними для витрат на охорону здоров'я, зростуть на 20 млрд грн—зі 141 млрд грн до 161 млрд грн—у порівнянні з планом на 2020. ю, що наведено у таблиці 2.2. Це означає збільшення з 3,5 відсотка ВВП до 3,6 відсотка ВВП на основі останнього доступного урядового прогнозу ВВП; якщо зростання у 2021 р. буде повільніше, як прогнозував МВФ, заплановані центральні видатки на охорону здоров'я становитимуть 3,8 відсотка ВВП. Як буде розглянуто в наступному розділі, це збільшення має стати можливим за рахунок збільшення частки видатків на охорону здоров'я в державному бюджеті, одночасно зменшуючи відносний пріоритет інших основних функцій, наведених у таблиці 2.1: соціального захисту, соціального забезпечення та судової влади та оборони.

Згідно з поточними прогнозами зростання, до 2025 р. бюджетні асигнування на охорону здоров'я можуть зрости на 33–41 відсоток, але це вимагає від уряду підтримувати частку видатків на охорону здоров'я на рівні 3,6–3,8 відсотка ВВП. Імітуючи можливий розвиток подій у довгостроковій перспективі, якщо уряд збереже частку витрат на охорону здоров'я на рівні 3,6 відсотка ВВП (Сценарій 2 у таблиці 2.2), за прогнозами МВФ щодо зростання ВВП, до 2025 р. номінальні асигнування на охорону здоров'я зростуть до 215,6 млрд грн, або на 33 відсотки. Витрачаючи 3,8 відсотка ВВП (Сценарій 3), до цього року він може досягти 226,6 млрд грн—збільшившись на 41 відсоток. Але якщо ВВП України зростатиме швидше, ніж прогнозує МВФ, і відповідно до поточного прогнозу уряду, до 2023 р. витрати державного бюджету на охорону здоров'я можуть досягти 207,3 млрд грн за Сценарієм 2 і 217,9 млрд грн за Сценарієм 3. Однак, якщо консолідацію загальних видатків до рівня 2015 р., як пропонує МВФ, перевести на рівне поступове скорочення витрат на охорону здоров'я (Сценарій 1), номінальний розподіл витрат на охорону здоров'я може скоротитися в 2022 р. або незначно зрости.

Незалежно від економічної траєкторії на найближчі кілька років, додаткові надходження можна було б отримати за рахунок покращення податкового та митного адміністрування. Україна вже перерозподіляє значну частку свого ВВП за рахунок державного оподаткування та видатків. У 2019 р., навіть після значної посткризової фіскальної консолідації, частка державних витрат в Україні становила 41,51 відсотка, що вище ссреднього показника для країн з розвиненою економікою. Це ускладнює отримання додаткових податків без істотного супутнього покращення якості державних послуг. З іншого боку, оцінка МВФ за 2019 р. показала, що збирання надходжень можна значно розширити за рахунок реформ в організації, управлінні та нагляді за податковою та митною системами.

ТАБЛИЦЯ 2.1 **Видатки центрального рівня, включаючи трансферти**

	ВИДАТКИ[a] ЯК ВІДСОТОК ВІД ВВП								ВИДАТКИ[a] ЯК ВІДСОТОК ВІД ЗАГАЛЬНОГО ДЕРЖАВНОГО БЮДЖЕТУ ІЗ ТРАНСФЕРТАМИ							
	2015	2016	2017	2018	2019	2020[b]	2020[c]	2021[d]	2015	2016	2017	2018	2019	2020[b]	2020[c]	2021[d]
Державне управління	5,2	5,0	4,8	4,6	4,3	4,3	5,0	4,8	18,1	17,4	17,2	16,7	15,9	16,4	15,4	16,3
включаючи обслуговування боргу	4,2	4,0	3,7	3,2	3,0	3,1	3,6	3,5	14,6	14,0	13,2	11,7	11,1	11,9	11,2	11,9
Оборона	2,6	2,5	2,5	2,7	2,7	2,6	3,0	2,6	9,0	8,7	8,9	9,8	9,9	10,0	9,3	9,0
Безпека та судова система	2,7	3,0	2,9	3,3	3,6	3,3	3,9	3,7	9,5	10,5	10,5	11,9	13,2	12,6	12,1	12,5
Економічна діяльність	1,9	1,5	1,8	2,3	2,3	2,7	4,2	2,9	6,6	5,1	6,3	8,2	8,4	10,3	13,0	9,9
Довкілля	0,2	0,2	0,2	0,2	0,2	0,2	0,2	0,2	0,7	0,7	0,6	0,5	0,6	0,7	0,6	0,7
Житлово-комунальні послуги	0,0	0,0	0,1	0,0	0,0	0,0	0,0	0,0	0,0	0,0	0,2	0,0	0,0	0,0	0,0	0,0
Охорона здоров'я	3,2	2,4	2,6	2,5	2,5	2,5	3,5	3,6	11,0	8,4	9,4	8,9	9,1	9,6	10,9	12,1
Культура та спорт	0,3	0,2	0,3	0,3	0,3	0,3	0,3	0,4	1,2	0,7	0,9	1,0	1,0	1,2	0,8	1,5
Освіта	3,7	3,3	3,1	3,0	3,1	3,2	3,6	3,7	12,9	11,6	11,1	10,8	11,6	12,3	10,9	12,6
Соціальний захист	8,7	10,3	9,1	8,2	7,5	6,6	8,2	7,0	29,8	36,0	32,4	29,6	27,8	25,1	25,2	23,7
Блокові дотації	0,4	0,3	0,7	0,7	0,6	0,5	0,5	0,5	1,3	1,0	2,6	2,6	2,4	1,8	1,7	1,7
Загальна сума	**29,0**	**28,7**	**28,1**	**27,7**	**27,0**	**26,2**	**32,5**	**29,5**	**100,0**	**100,0**	**100,0**	**100,0**	**100,0**	**100,0**	**100,0**	**100,0**

Джерела: Державна казначейська служба України (фактичні дані); Закони про річний бюджет (план); Кабмін (ВВП); МВФ 2020 (прогнози МВФ).

Примітка: ВВП = валовий внутрішній продукт; МВФ = Міжнародний валютний фонд; ОМС = органи місцевого самоврядування.

a. Загальні суми для кожної функції включають дотації ОМС, пов'язані з цією функцією.

б. Початковий план.

c. План після початку пандемії COVID-19.

d. Бюджет переглянуто станом на листопад 2021 р.

ТАБЛИЦЯ 2.2 Видатки центрального рівня включаючи трансферти, перспективи по 2025 р.

	ЯК % ВІД ВВП							ПОТОЧНІ ЦІНИ (UAH, У МІЛЬЯРДАХ)						
									СИМУЛЯЦІЇ					
	ВВП, ПОТОЧНІ ЦІНИ (UAH У МІЛЬЯРДАХ)[a]		ФАКТИЧНІ ДАНІ / ПЛАН[b]		СИМУЛЯЦІЇ			ФАКТИЧНІ ДАНІ / ПЛАН	ПРОГНОЗИ ВВП ВІД МВФ			ПРОГНОЗИ ВВП ВІД УРЯДУ		
РІК	МВФ	УРЯД	МВФ	УРЯД	1	2	3	УРЯД	1	2	3	1	2	3
2015	1 988,5	1 988,5	3,2	3,2	—	—	—	63,3	—	—	—	—	—	—
2016	2 385,4	2 385,4	2,4	2,4	—	—	—	57,2	—	—	—	—	—	—
2017	2 982,9	2 983,9	2,6	2,6	—	—	—	78,7	—	—	—	—	—	—
2018	3 560,6	3 558,7	2,5	2,5	—	—	—	87,4	—	—	—	—	—	—
2019	3 974,6	3 978,4	2,5	2,5	—	—	—	97,7	—	—	—	—	—	—
2020	3 869,7	3 985,5	3,6	3,5	—	—	—	141,0	—	—	—	—	—	—
2021	4 205,1	4 505,9	3,8	3,6	—	—	—	161,0	—	—	—	—	—	—
2022	4 571,4	5 089,4	—	—	3,5	3,6	3,8	—	158,9	166,5	175,1	176,9	185,4	194,9
2023	4 972,7	5 689,7	—	—	3,4	3,6	3,8	—	168,0	181,2	190,4	192,3	207,3	217,9
2024	5 420,5	—	—	—	3,3	3,6	3,8	—	177,9	197,5	207,6	—	—	—
2025	5 918,3	—	—	—	3,2	3,6	3,8	—	188,5	215,6	226,6	—	—	—

Джерела: Державна казначейська служба України (фактичні дані); Закони про річний бюджет (план); Кабмін (ВВП); МВФ 2020 (прогнози МВФ).
Примітки: — = даних немає; ВВП = валовий внутрішній продукт; МВФ = Міжнародний валютний фонд; ОМС = органи місцевого самоврядування.
а. огноз ВВП на 2020 р.
б. Підсумки бюджету відображають фактичну статистику виконання за 2015–2019 р., заплановані суми на 2020–2021 р. та прогнози на період після 2022 р.

Також можна розглянути додаткове оподаткування, пов'язане з охороною здоров'я, як-от підвищення податків на споживання алкоголю та тютюнових виробів, а також запровадження податків на споживання насичених жирів, солі та цукру:

- Оподаткування алкоголю. Підвищення рівня оподаткування алкоголю наразі не розглядається, але його можна розглянути в довгостроковій перспективі, як з точки зору фінансів, так і з точки зору охорони здоров'я. З одного боку, споживання алкоголю в Україні суттєво скоротилося між 2010 і 2016 роками з 14,3 літра чистого алкоголю на рік до 8,6 літра, або на 40 відсотків, після чого вживання алкоголю в Україні стало менш поширеним, ніж у країнах ЄС-13, Сполученому Королівстві, Іспанії, Молдові, Білорусі чи Росії.[20] З іншого боку, алкоголь залишається одним із провідних факторів ризику смертності серед молодих людей у віці від 15 до 49 років, спричиняючи 31,8 відсотка смертей у цій віковій групі, з яких 35,1 відсотка смертей—серед чоловіків.
- Оподаткування тютюнових виробів. Протягом останнього десятиліття Україна досягла високих успіхів у використанні оподаткування тютюнових виробів для створення нових надходжень до бюджету та покращення показників громадського здоров'я. Уряд регулярно підвищував податки на тютюнові вироби з 2008 р., найбільш активно протягом 2014–2016 р. приблизно на 40 відсотків щорічно. У 2017 р. він затвердив 7-річний план щодо продовження підвищення податків на тютюнові вироби приблизно на 20 відсотків щороку до 2024 р., щоб остаточно гармонізувати структуру оподаткування тютюнових виробів і підвищити ставки до мінімуму в ЄС для протидії шахрайству та незаконній транскордонній торгівлі. У результаті цього надходження від оподаткування тютюнових виробів зросли з 1,18 відсотка ВВП у 2011 р. до 1,55 відсотка ВВП у 2020 р. Це значне підвищення податків у поєднанні з рядом заходів боротьби з тютюнопалінням знизило поширеність вживання тютюну з 28,4 відсотка в 2010 р. до 23,0 відсотка у 2017 р., зокрема серед чоловіків цей показник знизився з 49,9 відсотка до 40,1 відсотка. Однак, станом на 2019 р. Мінфін очікував, що надходження від оподаткування тютюнових виробів продовжуватимуть збільшуватися в середньостроковій перспективі, незважаючи на скорочення споживання, що робить цю стратегію безпрограшною, спрямовуючи дохід до бюджету разом із перевагами для здоров'я.
- Оподаткування споживання насичених жирів, солі та цукру. У той час як смертність від вживання тютюну та алкоголю зменшується, ризик ожиріння в Україні зростає. Частка смертності, пов'язана з високим індексом маси тіла, неухильно зростала протягом останніх десятиліть, з 12,6 відсотка всіх смертей у 1990 р. до 15,5 відсотка в 2014 р. Ще одним фактором є зростання частки смертності, викликане раціоном з високим вмістом цукровмісних напоїв, обробленого м'яса, червоного м'яса та транс-жирних кислот. Незважаючи на те, що кожен із цих ризиків є причиною менш ніж 1 відсотка всіх смертей, їхнє значення постійно зростає з 2001 р. Аналіз неінфекційних захворювань (НІЗ) ВООЗ 2018 р. підтверджує цю тенденцію з початку 2000-х років: значне зниження тютюнопаління, стабільне покращення рівня артеріального тиску, але безперервне зростання поширеності ожиріння. Оподаткування споживання насичених жирів, солі та цукру є одним із перспективних інструментів для вирішення цієї проблеми зі здоров'ям, а також створення більшого бюджетного простору для фінансування сектору охорони здоров'я.

Збільшення частки бюджетних видатків на охорону здоров'я

Починаючи з 2014 р. і до доковідного бюджету на 2020 р., Україна дедалі більше зменшувала пріоритетність частки видатків на охорону здоров'я в рамках зведеного державного бюджету. Протягом років експансивної фіскальної політики в 2007–2013 р. уряд утримував частку консолідованих витрат на охорону здоров'я на рівні близько 12 відсотків, але через зростаючий пакет до 2013 р. рівень витрат на охорону здоров'я зріс до 4,04 відсотка ВВП (див. рисунок 2.12). У 2014–2015 рр. частка видатків на охорону здоров'я почала скорочуватися, надаючи простір пріоритетам, пов'язаним з кризою—соціальний захист, оборона та обслуговування боргу—і у 2016 р. впала до 9 відсотків. У поєднанні зі зменшенням рівня державних видатків у 2016 р. зменшилися витрати на охорону здоров'я до лише 3,2 відсотка ВВП. Але навіть після того, як криза 2014–2015 р. вщухла і тиск на надзвичайні заходи соціального захисту та обслуговування боргу почав знижуватися, частка видатків на сектор охорони здоров'я не відновилася і залишалася на рівні 9,2 відсотка в період доковідного бюджету на 2020 р. Більше того, видатки на охорону здоров'я продовжували падати як частка ВВП до 3 відсотків у доковідному бюджеті на 2020 р., оскільки уряд знову почав консолідувати загальний пакет, щоб впоратися зі зниженням надходжень, яке розпочалося з 2017 р.

Рисунок 2.13 показує, що, незважаючи на погіршення ситуації у фіскальному секторі, частка видатків на освіту, економічну діяльність, оборону, безпеку та судову систему значно зросла.

Зміни до бюджету на 2020 р., пов'язані з COVID-19, різко збільшили частку видатків зведеного державного бюджету на охорону здоров'я до 10,4 відсотка, що еквівалентно 4,24 відсотка ВВП. Реагуючи на COVID-19, уряд збільшив заплановані асигнування на охорону здоров'я, включаючи цільові субвенції на

РИСУНОК 2.12

Обсяги фінансування охорони здоров'я, 2007–2020 рр.

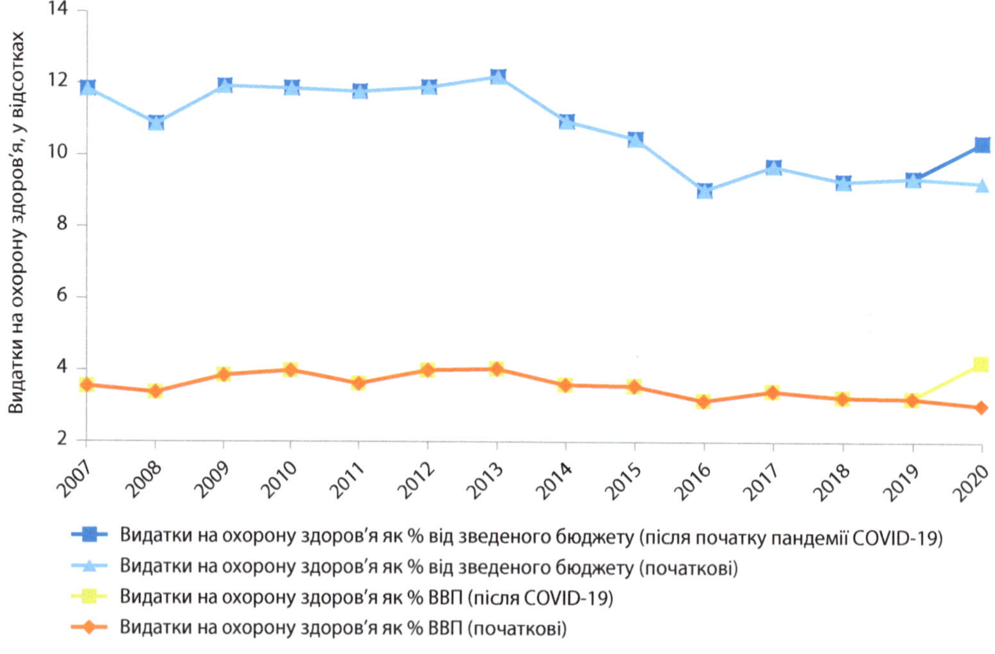

Джерела: Державна казначейська служба України (фактичні дані); Закони про річний бюджет (план); Кабмін (ВВП)

охорону здоров'я, на 1,0 відсотка ВВП, що допомогло збільшити частку охорони здоров'я в центральному бюджеті з 9,6 відсотка до 10,9 відсотка. ОМС також збільшили свої асигнування на охорону здоров'я, які фінансуються за рахунок своїх надходжень на 0,2 відсотка ВВП, не враховуючи цільових дотацій на охорону здоров'я. Разом ці заходи допомогли підняти заплановані консолідовані витрати на охорону здоров'я до найвищого рівня за останній час (рис. 2.12). sОднак інвестиції в деякі немедичні інфраструктури отримали ще більший пріоритет—наприклад, як показано на рисунку 2.13, консолідовані видатки на економічну діяльність зросли на 1,6 відсотка ВВП (у межах якого видатки на дороги зросли на 2,1 відсотка ВВП).

Бюджет на 2021 р. додатково збільшує частку видатків на охорону здоров'я до 12,1 відсотка загальних державних витрат, що еквівалентно 3,6 відсотка ВВП. На момент написання даного звіту, незважаючи на те, що Закон про Державний бюджет на 2021 р., який містить бюджетні асигнування на охорону здоров'я, уже був затверджений, ОМС ще не затвердили свої бюджети, що унеможливлює створення зведених прогнозів щодо бюджету в сегменті охорони здоров'я на 2021 р. На центральному рівні державний бюджет на 2021 р. свідчить про незначну зміну секторальних пріоритетів. Як уже зазначалося, центральні видатки на охорону здоров'я, включаючи трансферти місцевих бюджетів, продовжуватимуть інтенсивно зростати з 10,9 відсотка до 12,1 відсотка як частка витрат, і з 3,5 відсотка до 3,6 відсотка як частка від ВВП. Єдиний інший сектор з подібним зростанням - це освіта.

Порівняння з країнами ОЕСР свідчать про те, що ще може бути простір для збільшення частки державного бюджету, що йде на охорону здоров'я. У широкому порівнянні з країнами ОЕСР, більшість систем охорони здоров'я яких

РИСУНОК 2.13

Найбільші функції у відсотках від зведених видатків, 2007–2020 рр.

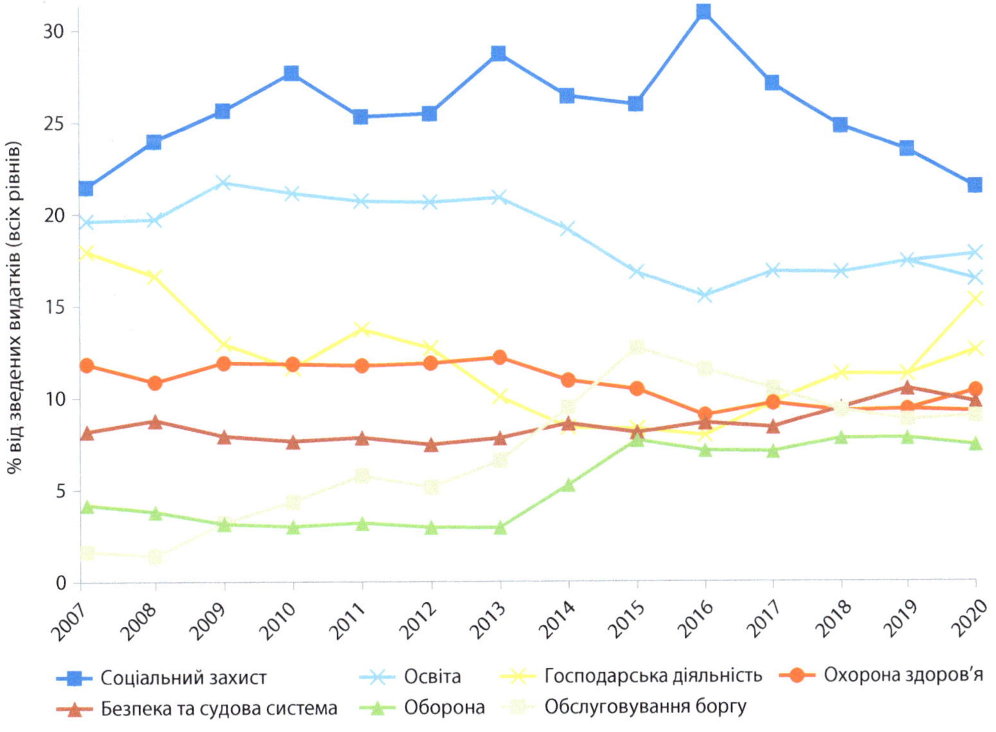

Джерела: Державна казначейська служба України; Державна служба статистики України.

базується на значній ролі уряду у фінансуванні сектору охорони здоров'я, а також покривають довготривалу медичну допомогу, частка витрат на охорону здоров'я в Україні прогнозовано нижча—у 2,5 рази, і становила 11,5 відсоткових пунктів у 2019 р. З іншого боку, Україна виділяє значно більшу частку бюджету на сектор внутрішньої безпеки (+3,9 відсоткових пунктів), соціального захисту (+3,8 відсоткових пункти) та сектор освіти (+2,0 відсоткових пункти) порівняно з середнім показником по ОЕСР.

Забігаючи наперед, переосмислення важливості пріоритетів охорони здоров'я та інших секторів має включати аналіз загальнодержавних видатків із використанням середньострокового макрофіскального прогнозу на основі сценаріїв. Значна зміна пріоритетів державних видатків вимагає перегляду для виявлення випадків неефективності та оцінки можливостей перерозподілу ресурсів між секторами. Огляд видатків для проведення оцінки українського контексту для потенційної функціональної зміни пріоритетів також значною мірою залежатиме від майбутніх економічних перспектив, фіскальної політики, яку уряд обере у відповідь на кризу, та підходу до фіскальної консолідації після того, як криза вщухне.

Збільшення частки бюджету ПМГ у складі бюджету охорони здоров'я

Оскільки інші програми в галузі охорони здоров'я неможливо обґрунтовано скоротити без серйозних наслідків для здоров'я населення, можливості для розширення частки ПМГ у бюджеті охорони здоров'я понад те, що вже заплановано, є незначними. Як обговорювалося вище, ПМГ, закуповувана через НСЗУ, наразі поглинає близько 53 відсотків від консолідованого бюджету охорони здоров'я. Ще 21 відсоток від консолідованого бюджету охорони здоров'я витрачається на комунальні та капітальні витрати, пов'язані з ПМГ, з бюджету ОМС (і, отже, відображаються окремо в бюджеті) та на деякі додаткові послуги, які мають бути перенесені до ПМГ як частина початкового проекту реформи. Це суттєво збільшить бюджетну частку ПМГ у бюджеті охорони здоров'я. Тому можливості для значного розширення фінансування ПМГ в рамках поточного обсягу бюджету охорони здоров'я є відносно малими. Однак ряд програм в галузі охорони здоров'я все ще можна переглянути за допомогою деталізованих оглядів видатків. Наприклад, у 2019 р. МОЗ провело два огляди видатків за деякими своїми центральними програмами, але ці звіти не були затверджені чи передані міністерством.

Ребалансування угоди про розподіл надходжень між різними рівнями управління

Перерозподіл обов'язків щодо фінансування ПМГ між урядовими рівнями може бути детально налаштований у довгостроковій перспективі для підвищення ефективності поточного механізму, але це не збільшить обсяг доступного фінансування для послуг за ПМГ:

- Місцеві дискреційні доповнення поточних видатків на ПМГ вже близькі до рівня, що спостерігався до реформи, приблизно 8 відсотків від загальної суми видатків на послуги ПМГ. Як зазначалося раніше в цьому звіті, реформа залишила ОМС право доповнювати поточні витрати ПМГ. До реформи, коли ОМС оплачували основну частину медичних послуг, які фінансувалися за рахунок центральних дотацій на охорону здоров'я, вони традиційно доповнювали центральні субвенції значною частиною місцевих надходжень, що становить майже 25 відсотків загального бюджету охорони здоров'я, як показано в таблиці 2.3. У рамках цього місцевого додатку приблизно одна третина покривала витрати на комунальні послуги, а ще одна третина була інвестована в капітальні витрати. Після реформи відповідальність ОМС за фінансування витрат на комунальні послуги та капітальні видатки стала обов'язковою, але ОМС самі вирішували, чи хочуть продовжувати сплачувати решту своєї традиційної надбавки до бюджету. По суті, їхню відповідальність за витрати було скорочено приблизно на 10 млрд грн станом на 2020 р. Хоча відповідного перегляду відповідальності за розподіл податків між урядовими рівнями не було, Мінфін зменшив обсяг одного з трьох основних пакетів дотацій, доступних як делеговане надходження до місцевих бюджетів у 2020 р. на 4 млрд грн. У тому ж році обсяг місцевого додаткового фінансування зменшився на 6,1 млрд грн між 2019 і доковідним планом на 2020. Інакше кажучи, маючи це право на розсуд та зменшивши базу делегованих надходжень, ОМС продовжували добровільно доповнювати близько 4 млрд грн поточних витрат ПМГ. Більше того, зіткнувшись із видатками на COVID-19, ОМС значно збільшили свій внесок у видатки на охорону здоров'я, які зросли майже до рівня, що спостерігався до впровадження реформи.

- Доповнення поточних видатків на ПМГ з місцевих бюджетів може призвести до неефективності поточного механізму, але її можна вирішити за допомогою набору спеціальних інструментів національної політики. З одного боку, практика доповнення бюджету ПМГ з місцевих надходжень може призвести до неефективності. Місцева політика як в централізованих, так і в децентралізованих системах, як правило, призводить до підтримки збереження неефективних, малозавантажених та низькоякісних відділень в невеликих лікарнях, зазвичай у сільській місцевості та невеликих містах. Це також заохочує до неефективної конкуренції за інвестиції у високотехнологічні та третинні заклади серед міських лікарень у більших населених пунктах. Місцеві політики часто мають стимул виступати за збереження надмірної кількості працівників у своїх закладах, особливо на нелікарських посадах з нижчою кваліфікацією. З іншого боку, важливо, щоб ОМС як власники лікарень стикалися з певним фінансовим ризиком; це стимулюватиме підвищення ефективності. Щоб протидіяти місцевим політичним стимулам для підтримки неефективності, Україні було б корисно запровадити деякі конкретні інструменти політики для вирішення цієї проблеми. Це може включати, наприклад, умовні дотації від центрального уряду для ОМС, у тому числі потенційно пов'язані з прогресом у покращенні роботи лікарень. Україна також могла б розглянути питання про введення лімітів на рівень або тривалість субсидій ОМС на експлуатаційні видатки закладів. Крім того, ОМС можуть мати менше шансів зберегти збиткові лікарні, якщо генеральні плани медичних закладів, розроблені спільно національними та місцевими органами влади, стануть обов'язковими для інвестицій державного сектору.
- Переглянути використання надходжень на різних рівнях урядування, якщо уряд візьме на себе відповідальність за витрати на комунальні послуги ПМГ — підвищуючи ефективність, але не призводячи до збільшення обсягу доступного фінансування для послуг за ПМГ. У цьому звіті зазначено, що поточне делегування ОМС обов'язку покриття видатків на комунальні послуги створює низку неефективності. Ця угода дискримінує приватних надавачів, які конкурують за контракти НСЗУ без субсидій на видатки на

ТАБЛИЦЯ 2.3 Міжбюджетне фінансування охорони здоров'я, 2015–2020 рр.

ВИДАТКИ НА ОХОРОНУ ЗДОРОВ'Я	2015	2016	2017	2018	2019	2020 ПЛАН ДО COVID-19	2020 ПЛАН ПІСЛЯ ПОЧАТКУ ПАНДЕМІЇ COVID-19
Зведений бюджет (грн, у мільярдах)	**71,0**	**75,5**	**102,4**	**115,9**	**128,4**	**138,5**	**169,0**
Центральні видатки (видатки на охорону здоров'я із державного бюджету, включаючи субвенції на охорону здоров'я)	63,3	57,2	78,7	87,4	97,7	113,9	141,0
Місцева система співоплат (видатки на охорону здоров'я з місцевого бюджету, за винятком субвенцій на охорону здоров'я)	7,7	18,3	23,7	28,4	30,7	24,6	28,0
Зведений бюджет (відсоток від ВВП)	**3,57**	**3,17**	**3,43**	**3,26**	**3,23**	**3,04**	**4,24**
Центральні видатки (видатки на охорону здоров'я із державного бюджету, включаючи субвенції на охорону здоров'я)	3,19	2,40	2,64	2,46	2,46	2,50	3,54
Місцева система співоплат (видатки на охорону здоров'я з місцевого бюджету, за винятком субвенцій на охорону здоров'я)	0,39	0,77	0,79	0,80	0,77	0,54	0,70
Зведений бюджет (відсотки від загальних зведених видатків)	**100,00**	**100,00**	**100,00**	**100,00**	**100,00**	**100,00**	**100,00**
Центральні видатки (видатки на охорону здоров'я із державного бюджету, включаючи субвенції на охорону здоров'я)	89,21	75,80	76,86	75,47	76,09	82,24	83,43
Місцева система співоплат (видатки на охорону здоров'я з місцевого бюджету, за винятком субвенції на охорону здоров'я)	10,79	24,20	23,14	24,53	23,91	17,76	16,57

Джерело: Державна казначейська служба України.

комунальні послуги з державного бюджету. Це також ускладнює ціноутворення за ставкою проліктованих випадків, як буде розглянуто в 3 розділі. Дана угода була розроблена як тимчасове рішення в грудні 2016 р. для подолання зростаючого тиску на видатки, пов'язаного з кризою, на центральному рівні—наприклад, охоплення соціального захисту, оборони та обслуговування боргу—у контексті реформи децентралізації, яка делегувала значний обсяг надходжень ОМС. Залишається можливим, хоча технічно та політично складно, переглянути цей підхід, зосередивши повну відповідальність за витрати на комунальні послуги на ПМГ у централізованому бюджеті з відповідним зменшенням суми надходжень, розподілених з місцевими бюджетами.

Підвищення ефективності

Підвищення ефективності видатків є важливим джерелом додаткових ресурсів для сектора охорони здоров'я як у країнах, що розвиваються, так і в країнах з розвиненою економікою. Для бідніших країн із низьким рівнем державних видатків на охорону здоров'я підвищення ефективності є очевидною можливістю досягти кращих результатів. Але навіть серед країн ОЕСР швидко зростаючий рівень державних інвестицій у охорону здоров'я за останнє десятиліття був однією з причин критично оцінити співвідношення ціни та якості в бюджеті охорони здоров'я та шукати шляхи досягнення більшого за менші кошти за допомогою кращого управління системою. Навіть зараз багатші країни залишаються дуже різноманітними за рівнем ефективності видатків на сектор охорони здоров'я.

Система охорони здоров'я України покладається на надмірну та неефективну мережу закладів охорони здоров'я та надмірно покладається на дорогу лікарняну допомогу. Незважаючи на помітну реорганізацію протягом 2008–2019 р., особливо мережі закладів для лікування туберкульозу (ТБ), лікарень все ще є забагато і вони є неефективними. Загальна кількість лікарняних ліжок в Україні значно скоротилася за останнє десятиліття, наблизившись до середнього показника ЄС-13, але кількість ліжок все ще є надмірною, як і кількість лікарень.[21] Навіть у лікарських закладах, що надають екстрену медичну допомогу, за винятком протитуберкульозної та психіатричної допомоги, в Україні є більше лікарень на 1 млн населення, ніж у сусідніх країнах, у тому числі в ЄС13.[22] Однак лікарні в Україні є відносно великими, і їх заповнюваність порівняно висока, особливо в містах. Це відображає високий рівень госпіталізацій в Україні та високу середню тривалість перебування (СТП) в стаціонарі. Рівень виписки з лікарні впав на 16,2 відсотка за останнє десятиліття, що наблизило Україну до Словацької Республіки та Польщі. Зниження рівня госпіталізації було особливо помітним серед пацієнтів із неактивною формою ТБ та при лікуванні негострих порушень психічного здоров'я. Середня тривалість перебування (СТП) також зменшується, але у відділеннях психіатричної допомоги, акушерської допомоги та особливо протитуберкульозних відділеннях це скорочення є незначним. Незважаючи на недавнє зниження, СТП в Україні все ще набагато вища, ніж у європейських країнах порівняння, таких як Польща, Естонія, Словацька Республіка та Румунія.

Лікарні в Україні погано обладнані, а рівень використання основних медичних процедур низький. Кількість апаратів комп'ютерної томографії та магнітно-резонансної томографії на 1 мільйон населення значно нижча, ніж у країнах ЄС-13.[23] Проведення оперативних втручань в Україні значно нижче, ніж у країнах порівняння, а кількість стаціонарних оперативних втручань на одного хірурга в Україні також значно нижча, ніж в інших країнах Європи. Найпоширеніші в Європі операції—хірургічне лікування катаракти та коронарна ангіопластика—в Україні проводяться значно рідше.

Слабка роль ПМД та відсутність ефективної інтеграції між рівнями допомоги перешкоджають більш ранньому та дешевшому лікуванню НІЗ. Однією з причин надмірної залежності від стаціонарної медичної допомоги в Україні є слабкість сектору ПМД, який історично був недофінансований і який не використовували на повну. Відсутність інтеграції між нижчим і вищим рівнями допомоги для сприяння направленню пацієнтів вгору і вниз, а також слабка роль ПМД також відіграють певну роль. Це сприяє несвоєчасному виявленню НІЗ та перешкоджає пацієнту пройти лікування і отримати медичну допомогу на ранній стадії захворювання, коли надання відповідних послуг є дешевшим та ефективнішим.

Запровадження ПМГ відкриває можливість для значного підвищення ефективності завдяки більшій гнучкості видатків, контрактам на основі кінцевих результатів і автономії надавача. Загальний урок, отриманий іншими країнами, полягає в тому, що для отримання більшої вартості з певного пакета витрат потрібні правила бюджетування, які забезпечують достатню гнучкість, політичну орієнтацію та підзвітність. В Україні до реформи охорони здоров'я 2017 р., незважаючи на те, що бюджет затверджувався програмами, формально пов'язаними з результатами, розпорядники бюджетних коштів були обмежені жорсткими нормами постатейного бюджетного фінансування. Запровадження ПМГ відкриває можливість нарешті застосувати програмне бюджетування у змістовний спосіб. У рамках цієї нещодавно створеної масштабної програми НСЗУ отримала безпрецедентний рівень дискреційних повноважень у розподілі коштів, включаючи гнучкість перерозподілу ресурсів між основними видами послуг та придбання послуг на основі контрактів, орієнтованих на результати. Важливо, що перехід на послуги підряду з автономними надавачами (державними некомерційними підприємствами та приватними установами) звільнив розпорядників коштів від централізовано встановлених норм постатейного бюджетного фінансування, таких як усталений розмір заробітної плати персоналу.

Ще одним інструментом для НСЗУ для стимулювання зміни розміру лікарень та підвищення продуктивності є поступовий перехід до оплати за пролікований випадок у стаціонарі. Реформа 2017 р. відкрила для НСЗУ можливість використовувати широкий спектр нових методів оплати послуг ПМГ для підвищення ефективності видатків. Зокрема, Закон про державні фінансові гарантії медичного обслуговування населення від 2017 р. запровадив можливість відшкодування вартості послуг, що є вельми перспективним інструментом для стимулювання змін розміру лікарень та ефективнішого використання ресурсів у межах закладу. Оплата стаціонарних медичних послуг на основі сукупності випадків, зокрема через систему груп діагнозів, дозволяє покупцеві пов'язати відшкодування витрат із навантаженням у лікарні. Це також стимулює лікарні обмежувати витрати на пролікований випадок, фіксуючи суму, сплачувану за кожен клінічно та економічно подібний випадок. Враховуючи надмірний розмір та низьку продуктивність мережі лікарень в Україні, впровадження елементів оплати за пролікований випадок в модель закупівель НСЗУ є можливістю розширити бюджетний простір для ПМГ за рахунок підвищення ефективності.

Запровадження системи співоплат

Запровадження дольової участі пацієнтів у витратах підриває доступ і фінансовий захист і може підірвати стратегічну функцію закупівель; якщо її буде запроваджено, співоплати необхідно буде супроводжувати заходами для захисту від цих ризиків. Уряд розглядає можливість запровадження дольової участі пацієнтів у витратах—співоплати за послуги, що охоплюються ПМГ, та додаткові платежі за непокриті послуги—щоб дозволити розширити спектр послуг і вибору зручностей для тих, хто може дозволити собі платити більше. Дольова участь у витратах тягне за собою значний ризик несприятливих наслідків: вона може погіршити і без того надмірний рівень оплат «з кишені» серед населення України через офіційні та неофіційні платежі, спричинити значні адміністративні витрати та послабити стратегічні закупівлі, якщо вона не буде суворо регламентована. Нереально очікувати, що запровадження системи співоплат дозволить ПМГ охопити розширений спектр послуг, не підриваючи цілей ПМГ щодо забезпечення рівного доступу до медичних послуг. Якщо запроваджується система співоплат, то вона має бути у формі невеликих фіксованих співплатежів, що мають річні ліміти максимального обсягу співоплати на людину та обмежуються вибраними послугами (звичайно, за винятком профілактичної допомоги для сприяння її використанню). Бідні домогосподарства повинні бути звільнені від усіх співоплат, а також слід уникати запровадження відсоткових співоплат. Розробка будь-якої політики співоплати має бути максимально простою, щоб люди могли легко орієнтуватися в системі охорони здоров'я та не стикалися з адміністративними бар'єрами перед отриманням заходів захисту. На додаток до співоплати за охоплені послуги, уряд розглядає можливість дозволити додаткові платежі як засіб заохочення приватних провайдерів надавати послуги ПМГ. Якщо буде вирішено впроваджувати додаткові платежі, то їх слід обмежити аспектами надання послуг, які безпосередньо не пов'язані з клінічною якістю медичної допомоги, як-от одномісна лікарняна палата (додаткові платежі). Надавачам медичних послуг не можна дозволяти вимагати від пацієнтів оплату на додаток до співоплати за покриті послуги (оплата залишкового балансу). Запровадження співоплати за послуги, що покриваються, та додаткових платежів за непокриті послуги вимагає ретельного регулювання та активного моніторингу для уникнення нерівності (включаючи потенційну дискримінацію щодо людей, які звільнені від співоплати або не здійснюють додаткових платежів), зниження фінансового захисту, і підриваючи стратегічні стимулювання закупівель.

РЕКОМЕНДАЦІЇ

Короткострокова перспектива

- Прояснити політичний процес розробки та розширення пакету послуг ПМГ (включаючи його схвалення), щоб зробити його більш прозорим, чітким та залучити до нього широкий загал.
- Запровадити процес і пов'язані з ним правила в секторі охорони здоров'я, щоб забезпечити середньострокову перспективу визначення пакету послуг ПМГ та його бюджетування, навіть якщо загальнодержавна структура середньострокових інвестицій залишається призупиненою.
- Запровадити правила для Кабміну, щоб забезпечити надійні бюджетні обмеження напередодні процесу підготовки річного бюджету не тільки для кожного сектора, як-от, охорони здоров'я, але в ідеалі також для пріоритетних програм, таких як ПМГ, у межах кожного секторального бюджету; це має бути загальнодержавним заходом.
- Запровадити політичні інструменти для подолання ризиків продовження неефективності, що виникає внаслідок використання ОМС місцевих надходжень для збереження неефективних, малозавантажених та низькоякісних закладів у невеликих лікарнях у сільській місцевості та невеликих містах, а також неефективної конкуренції за інвестиції у високотехнічні та третинні заклади серед міських лікарень у більших населених пунктах. Ці інструменти можуть включати регуляторні повноваження центру, щоб допомогти спрямувати інвестиції ОМС тим способом, який є більш ефективним із точки зору цілої системи. Крім того, цей центр може використовувати такі інструменти фінансування, як дотації, щоб стимулювати більш відповідні інвестиції на місцевому рівні.
- Розглянути можливість перенесення фінансових зобов'язань за комунальні послуги з ОМС до центрального бюджету, що оплачуються НСЗУ через бюджет ПМГ безпосередньо медичним закладам. Це зменшить неефективність, посилить принцип «гроші йдуть за пацієнтом» і допоможе вирівняти умови для приватних надавачів.
- Продовжувати та розширювати практику МОЗ щодо проведення детальних оглядів видатків у секторі охорони здоров'я разом з Мінфіном для виявлення заощаджень у секторі охорони здоров'я та дій на основі цих знахідок.

Довгострокова

- Збільшувати поточні видатки на охорону здоров'я відповідно до економічного зростання та збільшення державних видатків, а також гарантувати, що у випадках економічних скорочень поточні рівні видатків на охорону здоров'я підтримуються принаймні в реальному вираженні на душу населення, щоб реалізувати охоплення та фінансові цілі захисту, яких уряд зобов'язався ухвалювати після проведення Закону про державні фінансові гарантії медичного обслуговування населення.
- Забезпечити повну відданість поточному економічному напрямку податкової реформи, зокрема, економічному напрямку оподаткування тютюнових виробів, яка передбачає поступове підвищення ставки акцизного податку на тютюнові вироби відповідно до Угоди про асоціацію між Україною та ЄС, а також ширшу реформу управління надходженнями.
- Розглянути можливість введення додаткових податків на товари, що мають відношення до здоров'я, наприклад, на цукор, або подальшого збільшення існуючих податків на охорону здоров'я, наприклад, на тютюнові вироби і алкоголь, щоб збільшити загальні фіскальні надходження. Ці надходження потенційно можуть бути спрямовані на галузь охорони здоров'я, але потрібно буде уважно розглянути компроміс із зниженням гнучкості бюджету.
- Регулярно проводити огляди загальнодержавних видатків, щоб переглянути функціональні пріоритети та відповідно коригувати розподіл видатків між секторами.
- Підвищувати ефективність видатків за рахунок прискореної зміни розмірів лікарень, особливо тих, що надають довготривалу медичний догляд пацієнтам із ТБ, поступового запровадження плати за стаціонарне лікування за кількість пролікованих випадків та чіткої стратегії сприяння посиленню ролі ПМД та комплексного надання послуг.
- Підготувати довгострокову стратегію фінансування сектору охорони здоров'я, яка може бути політично схвалена та включає бачення щодо розширення ПМГ та його фінансування протягом 10-річного періоду, а також додаткове бачення пов'язаних програм, таких як поступове розширення ПДЛ для заміни витрат «з кишені» на лікарські засоби та зміну політики, як-от більш жорсткі правила для запобігання надмірному призначенню лікарських засобів або впровадження заходів покращення якості медичної допомоги.

ПРИМІТКИ

1. Станом на 2017 р. сюди увійшли 24 області та м. Київ, 148 міст (середнє населення 130 тис. осіб); 464 райони (райони із середнім населенням 45 тис.); та 159 громад (громади із середнім населенням 9 тис.).
2. Граничні межі елементів ПМГ (таких як первинна, спеціалізована або екстрена медична допомога) визначаються у паспорті програми, затвердженому МОЗ за згодою Мінфіну; Таким чином, НСЗУ/МОЗ мають значну гнучкість протягом року для зміни складу видатків у межах ПМГ.
3. У статті 4 Закону Про державні фінансові гарантії медичного обслуговування населення від 2017 р.зазначено, що охоплення населення включає «громадян, іноземців, осіб без громадянства, які постійно проживають на території України, осіб, визначених біженцями або осіб, які потребують додаткового захисту».

4. Дані отримано з Національних рахунків охорони здоров'я України за 2018 р. та Державної служби статистики України, http://www.ukrstat.gov.ua/
5. Дані отримано з бази даних «Індикатори світового розвитку» Світового банку.
6. Дані отримано з Національних рахунків охорони здоров'я України за 2018 р. та Державної служби статистики України.
7. Зведений бюджет України включає бюджети всіх рівнів державного управління. А саме, до нього входять централізований бюджет та місцеві бюджети.
8. У цьому звіті визначення «вироби медичного призначення» відповідає «Категорії НС.5 Вироби медичного призначення» Системи рахунків охорони здоров'я 2011 (https://www.oecd.org/publications/a-system-of-health-accounts-2011-9789264270985-en.htm), яка охоплює фармацевтичні препарати (за рецептом і без рецепта); терапевтичні засоби; та інші товари медичного призначення, зокрема окуляри, слухові апарати, ортопедичні засоби та медичні товари тривалого користування, включаючи технічні пристрої. В економічній класифікації України ця категорія витратних матеріалів закодована як 2220 «медикаменти та перев'язувальні матеріали», яка, незважаючи на назву, не обмежується фармацевтичними препаратами, а також включає терапевтичні засоби та всі види товарів медичного призначення (будь-яке медичне обладнання, не віднесене до категорії капітальних інвестицій) (відповідно до інструкцій Мінфіну щодо кодування, викладених у розділі 2.2.2. Наказу Мінфіну від 12.03.2012 р. № 333), доступно за посиланням https://zakon.rada.gov.ua/laws/show/z0456-12 #n16.
9. Діапазон країн ОЕСР тут обмежений тими, які офіційно повідомили про рівень загальних витрат на фармацевтику за 2015 і 2018 р.
10. Дані отримані з Державної служби статистики України.
11. Розрахунки базуються на даних, зібраних Державною службою статистики України за допомогою модуля «Опитування стану життя домогосподарств» на 2009–2018 рр. щодо самооцінки стану здоров'я.
12. Міжнародні порівняння наразі неможливі, оскільки Україна збирає дані про незадоволені потреби домогосподарств, а не окремих осіб, як у країнах ОЕСР.
13. На рисунку 2.4. показано зміну форми кривих концентрації, накреслених для двохперіодного ковзного середнього загального рівня незадоволених потреб (виміряного як частку домогосподарств, які повідомляють про таку потребу). Кожна крива відображає кумулятивний відсоток незадоволених потреб у медичних послугах проти сукупного відсотка домогосподарств, ранжованих за децилями доходу. Синя крива показує розподіл доходів незадоволених потреб у 2009–2010 р., а червона крива показує ситуацію станом на 2017–2018 р. Протягом цього десятиліття крива наблизилася до лінії повної рівності. Це показує, що індекс концентрації, який вимірює площу між кривою концентрації та лінією рівності, зріс від −0,15 до −0,12.
14. Розрахунки ґрунтуються на даних, зібраних Державною службою статистики України за допомогою модуля «Опитування умов життя домогосподарств» за 2009–2018 рр. щодо самооцінки стану здоров'я.
15. Виплати «з кишені», що перевищують 10 відсотків загального споживання домогосподарств, є глобальним показником, який використовується для моніторингу катастрофічних витрат на охорону здоров'я в рамках Цілі сталого розвитку Організації Об'єднаних Націй, цілі 3.8 щодо загального охоплення послугами охорони здоров'я. Країни-члени Європейського регіону ВООЗ також відстежують катастрофічні витрати, використовуючи підхід «платоспроможність», який є більш чутливим до фінансових труднощів серед бідних домогосподарств, ніж підхід до цілей сталого розвитку. Здатність платити за медичне обслуговування залежить від країни та вимірюється як загальне споживання домогосподарства мінус стандартна сума для покриття базових потреб, як-от харчування, житло та комунальні послуги.
16. Рамковий закон «Про державні фінансові гарантії медичного обслуговування населення», листопад 2017 р. (з двома змінами у 2019 р.) розміщено за посиланням https://zakon.rada.gov.ua/laws/show/2168-19.
17. Правила оформлені Наказом МОЗ №1709 від 26.07.2019. Повний текст доступний за посиланням https://zakon.rada.gov.ua/laws/show/z0961-19.
18. «Країни з економікою, що розвивається» є однією з двох ключових груп у класифікації країн МВФ, інша—«країни з розвиненою економікою». За даними МВФ, ця класифікація не ґрунтується на суворих критеріях і розвивається з часом (http://datahelp.imf.org/knowledgebase/articles/778593-composition-of-current-statistical-groups-and-aggr). У країнах з економікою, що розвивається, країни також класифікуються на регіональні групи: Азія,

Європа, Латинська Америка та Карибський басейн, Близький Схід і Центральна Азія, а також Африка на південь від Сахари. Станом на жовтень 2020 р. до групи Європи, що розвивається, входило 16 країн: Албанія, Білорусь, Боснія і Герцеговина, Болгарія, Хорватія, Угорщина, Косово, Молдова, Чорногорія, Північна Македонія, Польща, Румунія, Російська Федерація, Сербія, Туреччина, та Україна.

19. Відповідні оцінки МВФ щодо консолідованого дефіциту не були доступні на момент підготовки цього звіту.
20. Дані отримано з бази даних Індикаторів світового розвитку Світового банку.
21. Дані отримано з Центру медичної статистики МОЗ, за посиланням http://medstat.gov.ua/ukr/main.html.
22. Дані отримано з бази даних Індикаторів світового розвитку Світового банку.
23. Дані отримано з Центру медичної статистики МОЗ та статистики ОЕСР.

ДЖЕРЕЛА

IMF (International Monetary Fund). 2020. *World Economic Outlook: A Long and Difficult Ascent.* Washington, DC: IMF.

Ukraine Ministry of Health News. 2020. «П'ять пріоритетів Програми медичних гарантій» [Five priorities of the program of medical guarantees], January 15. Ministry of Health of Ukraine. https://moz.gov.ua/article/news/p%e2%80%99jat-prioritetiv-programi-medichnih-garantij.

World Bank. 2019. *Ukraine 2019 Public Expenditure and Financial Accountability Performance Assessment Report.* Washington DC: World Bank. https://openknowledge.worldbank.org/handle/10986/33626

3 Закупівля послуг за Програмою медичних гарантій

ЩО ПОКРИВАЄ ПРОГРАМА МЕДИЧНИХ ГАРАНТІЙ І ЯК ВІДБУВАЄТЬСЯ ЗАКУПІВЛЯ ПОСЛУГ?

У 2020 р. Програму медичних гарантій (ПМГ) розширили з покриття лише послуг первинної медичної допомоги (ПМД) до покриття всіх видів медичної допомоги, включаючи стаціонарну та спеціалізовану амбулаторну допомогу. Як обговорювалося в розділі 2, ПМГ—це пакет послуг, який гарантовано оплачується за рахунок державних коштів. У квітні 2020 р., відповідно до початкового плану реформи, сферу ПМГ було розширено з ПМД до покриття всього континууму медичної допомоги, включаючи ПМД, спеціалізовану та екстрену медичну допомогу.

Національна служба здоров'я України (НСЗУ) закуповує послуги ПМГ через окремі пакети послуг, які розробляються щорічно залежно від бюджету та пріоритетів політики охорони здоров'я. У 2020 р. всі медичні послуги в ПМГ спочатку були організовані в 27 пакетів послуг. Пізніше їх скоригували так, щоб виділити три додаткові пакети медичних послуг, пов'язаних з COVID-19, а також тимчасовий пакет для лікарських закладів, які лікували пацієнтів з COVID-19 на початкових етапах пандемії, але не були визначені як ковідні лікарні. Пізніше цього ж року було додано трансформаційний пакет для підтримки медичних закладів в адаптації до нових методів контрактування і оплати послуг надавачів. Пакети послуг у ПМГ у 2020, які діяли з квітня 2020 р. по березень 2021 р., загалом можна розділити на сім широких галузей, як показано на рисунку 3.1. Наприкінці 2020 р. послуги ПМГ було організовано у пакет первинної медичної допомоги, пакет екстреної медичної допомоги, 8 пакетів амбулаторної медичної допомоги, 12 пакетів стаціонарної та комплексної медичної допомоги, які охоплюють стаціонарну та амбулаторну допомогу, 3 пакети реабілітаційної допомоги, 2 пакети паліативної допомоги та 3 пакети, пов'язані з COVID-19 (див. рисунок 3.1). Цей підхід значною частиною зберігся в ПМГ у 2021, що охоплює травень—грудень 2021 р., який було розширено до 36 пакетів, здебільшого шляхом роз'єднання деяких ширших пакетів. Він запровадив окремі пакети для стоматологічної допомоги та ведення вагітності (раніше входило до загальної амбулаторної медичної допомоги), окремий

РИСУНОК 3.1

Графічне зображення компонентів ПМГ—пакетів послуг ПМГ

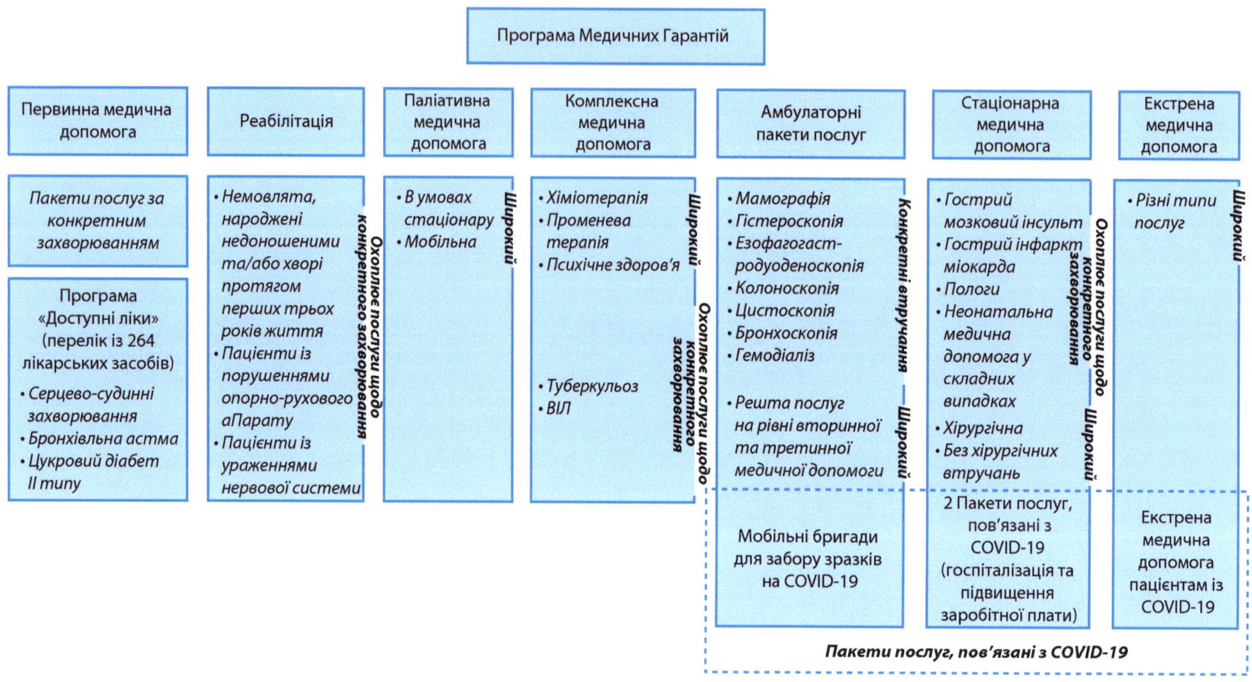

Джерело: Світовий банк
Примітка: COVID-19 = коронавірус (пандемія).

пакет для перитонеального гемодіалізу в амбулаторних умовах (раніше входив до загального пакету гемодіалізу) та окремий пакет для лікування гематологічних захворювань (раніше входив до загальної амбулаторної та стаціонарної допомоги). ПМГ у 2021 також включав два абсолютно нових пакети амбулаторної допомоги—супровід пацієнтів із туберкульозом (ТБ) на первинному рівні та психіатрична допомога, яка надається мобільними міждисциплінарними командами—і продовжили послуги з низки медичної допомоги, пов'язаної з COVID-19, додавши вакцинацію. Трансформаційний пакет було припинено. Програма «Доступні ліки» (ПДЛ), яка була частиною ПМГ у 2020, входить також до ПМГ у 2021.

НСЗУ купує послуги у надавачів, використовуючи контракти, які визначають специфікації послуг. Кожен пакет послуг має конкретні вимоги, яким надавачі послуг повинні відповідати для укладання договору з НСЗУ. Специфікації послуг визначаються НСЗУ через робочі групи, до складу яких входять представники Міністерства охорони здоров'я (МОЗ), деякі міжнародні партнери, надавачі послуг та дослідники. Специфікації в основному стосуються організації надання послуг, ключового обладнання та медичного персоналу. Визначаючи специфікації послуг, НСЗУ посилює стратегічні закупівлі. Використання специфікацій для визначення відповідності надавачів дозволяє вибірково укладати контракти з надавачами, які можуть відповідати цим стандартам, з метою підвищення ефективності та підвищення якості надання медичних послуг.

Будь-який надавач може подати заявку на надання будь-якого набору пакетів послуг—практика, яка загрожує потенційною нерівністю географічного доступу до послуг, коли в одній місцевості спостерігається надмірна концентрація послуг, а в іншій—дефіцит. Правила закупівлі на 2020 р. дозволяли будь-якому надавачу послуг подати заявку та підписати контракт з НСЗУ на один або кілька пакетів послуг за умови відповідності критеріям. Укладання контрактів не відбувалось у межах генерального плану мережі послуг, яка б забезпечували гарантоване надання медичних послуг. Іншими словами, в той час як НСЗУ міг використати свою контрактну та купівельну спроможність для підвищення ефективності законтрактованих надавачів, він не зміг використовувати контрактування для стратегічного формування ефективної мережі надавачів. Крім того, контрактні вимоги щодо конкретних типів обладнання спонукали заклади інвестувати без гарантії того, що вони продовжуватимуть надавати такі послуги після того, як будуть затверджені регіональні генеральні плани.

На рисунку 3.2 представлені вимоги, яким повинні відповідати всі надавачі, а також різні пакети послуг, на які вони можуть подати заявку.

Деякі пакети характеризуються більш загальними термінами, тоді як інші охоплюють конкретні стани і є більш детальними. Розглядаючи пакети, можна сказати, що пріоритетні послуги, як правило, визначаються більш чітко. До них належать гострий інсульт, гострий інфаркт міокарда, пологи та комплексна допомога новонародженим в умовах стаціонару. Набір із шести діагностичних послуг, як-от гемодіаліз, також організовано у шість окремих пакетів послуг. Як обговорювалося в інших частинах цього звіту, процес визначення цих пріоритетів не є чітким. І навпаки, *усі* інші види амбулаторної спеціалізованої допомоги широко визначаються як вторинна та третинна амбулаторна допомога та об'єднані в *один* пакет. Пакет ПМД має власне визначення та чіткий перелік послуг, які покриваються на цьому рівні допомоги.

НСЗУ закуповує послуги у надавачів медичних послуг, використовуючи різні способи оплати. Комбінація методів оплати, що використовуються для укладання контрактів, включає глобальний бюджет для більшості лікарняних та спеціалізованих амбулаторних послуг, а також екстреної медичної допомоги, оплату на основі ставки за пролікований випадок за пріоритетні стаціонарні послуги, оплату на основі ставки за медичну послугу за певні типи діагностичних обстежень і види лікування та капітаційна вартість пакету ПМД, як показано в таблиці 3.1. Крім того, існують деякі інші платежі, які здійснюються надавачами через НСЗУ та фінансуються як частина пакету ПМГ. Ці виплати стосуються управління фінансовими ризиками, пов'язаними з реформою фінансування охорони здоров'я та пандемією COVID-19. Перший—це компенсаційні одноразові виплати закладам, які зазнали істотного скорочення надходжень після реформи платежів у квітні 2020 р. Другий—це виплати, які діють з вересня 2020 р. медичним працівникам певної підгрупи закладів, і яким виплачуються тимчасові надбавки до зарплати, пов'язані з COVID-19, для лікарів надбавка становить 70 відсотків, для медсестер - 50 відсотків, для молодшого медичного персоналу - 30 відсотків.

Паралельно з впровадженням ПМГ уряд розробив систему е-здоров'я, яка була надзвичайно важливою для функціонування закупівлі послуг. У квітні 2018 р. уряд запустив нову українську національну інформаційну систему охорони здоров'я—е-здоров'я.[1] У перші роки запуску реформи (2018–2019 рр.) система е-здоров'я була зосереджена на підтримці виплат через ПМГ на ПМД—внесення пацієнтів у систему, контрактування надавачів послуг та здійснення й моніторинг платежів (див. рисунок 3.3). Вона також використовувалась для відшкодування вартості ліків аптекам через ПДЛ. Оскільки у 2020 р. обсяг послуг ПМГ розширився, система е-здоров'я була додатково доопрацьована, щоб охопити більше надавачів послуг, а також були запроваджені електронні медичні

РИСУНОК 3.2

Умови договору щодо пакетів послуг через НСЗУ

Універсальні вимоги до всіх законтрактованих надавачів:

- Автономія правового статусу
- Відкрита ліцензія на медичну практику
- ІТ-обладнання
- Підключення до системи е-здоров'я
- Регулярне введення даних до системи е-здоров'я
- Особливості будівлі (наприклад, фізична доступність будівель для інвалідних візків, застосовано в 2011 році)
- *Стратегічний план розвитку (застосовувався лише у 2021 році)*

% виконання плану використовується для визначення обсягу перехідного фінансування

Вимоги, що стосуються пакетів послуг:

Умови для придбання послуг

Вимоги стосовно умов, в яких надаються **послуги**

(стаціонар, амбулаторно)

Вимоги, що стосуються **причини** надання послуг

(тип направлення, самозвернення)

Вимоги до **організації** надання послуг

- Наявність відповідних відділень та закладів
- Зв'язок з відповідними іншими організаціями (наприклад, соціальні служби)
- Наявність відповідного оснащення
- Медичний персонал (кількість ключових посад, кваліфікація)
- Програма з інфекційного контролю
- Моніторинг якості, доступності та безпеки надання медичних послуг *(застосований у 2011 р.)*

Вимоги, що стосуються надання послуг

Пакети послуг з надання інтенсивної терапії (стаціонарна медична допомога—крім комплексної допомоги новонародженим—два онкологічні пакети, стаціонарна паліативна допомога)	Цілодобовий доступ відвідувачів до ВІТ
Усі комплексні пакети допомоги, хіміотерапія, психічне здоров'я, туберкульоз, стаціонарна паліативна допомога	Ліцензія на вживання наркотичних речовин
Радіологічне лікування онкологічних захворювань	Ліцензія на використання ядерної енергії
Лікування раку та ВІЛ/СНІДу	Введення даних у відповідні реєстри
Спеціалізована ліцензія на конкретні типи медичної допомоги (наприклад, ліцензія на надання медичної допомоги у нефрології у межах пакету гемодіалізу, подана у 2021 році)	

Специфікація придбаних послуг

Типи послуг, що надаються (наприклад, діагностичні аналізи, розробка планів лікування, проведення лікування, хірургічні процедури, спостереження, надання ліків, медична допомога, реабілітація)

Джерело: Оригінал рисунку для цієї публікації на основі аналізу договорів щодо пакетів послуг НСЗУ.
Примітка: ВІЛ/СНІД = вірус імунодефіциту людини/синдром набутого імунодефіциту; ВІТ = відділення інтенсивної терапії; ІТ = інформаційні технології.

ТАБЛИЦЯ 3.1 **Пакети послуг ПМГ, що надаються за договором з НСЗУ у 2020 р.**

ТИП МЕДИЧНОЇ ДОПОМОГИ	КІЛЬКІСТЬ ПАКЕТІВ ТА ЇХНІЙ ОПИС	ТАРИФ	КІЛЬКІСТЬ ЗАКОНТРАКТОВАНИХ НАДАВАЧІВ		ЗАГАЛЬНА ВАРТІСТЬ ДОГОВОРІВ, UAH МІЛЬЙОНИ
			ЗАГАЛЬНА	ПРИВАТНІ	
Первинна медична допомога	1: Первинна медична допомога	Капітаційна ставка із віковим коригувальним коефіцієнтом	1 695	588	16,022
Екстрена медична допомога	2: Екстрена медична допомога та екстрена медична допомога пацієнтам із COVID-19	Глобальна ставка	25	0	9601
Стаціонарна медична допомога					
Пакети послуг, що надаються у стаціонарі для пріоритетним медичних станів	4: Гострий мозковий інсульт, гострий інфаркт міокарда, пологи, комплексна неонатальна допомога	Ставка за пролікований випадок	537	2	4 782
Пакети послуг, що надаються у стаціонарі для пацієнтів із COVID-19	2: Особливі заходи, запроваджені у квітні 2020 р. (надбавка до заробітної плати у розмірі 300% та додаткове медичне забезпечення) та регулярна медична допомога для пацієнтів із COVID-19 (включаючи тестування на COVID-19 у стаціонарі)	Глобальна ставка	366	0	7655
Решта пакетів послуг, що надаються у стаціонарі	2: Хірургічні та без хірургічного втручання	Глобальна ставка	1 085	6	23 053
Амбулаторна медична допомога					
Вибрані діагностичні процедури	7: Мамографія, гістероскопія, езофагогастродуоденоскопія, колоноскопія, цистоскопія, бронхоскопія, гемодіаліз	оплата на основі ставки на медичну послугу	696	37	2 091
Мобільні бригади для роботи з COVID-19	1: Збір зразків для тестування на COVID-19 спеціалізованими мобільними бригадами	Глобальна ставка	938	3	655
Інші типи амбулаторної медичної допомоги	1: Вторинна та третинна амбулаторна медична допомога	Глобальна ставка	1 429	34	6637
Комплексні пакети послуг медичної допомоги (стаціонарної та амбулаторної)	6: Онкологічні пакети послуг, психічне здоров'я, ТБ, ВІЛ	Глобальна ставка	695	5	6036
Реабілітація	3: Для немовлят, народжених недоношеними та/або хворих протягом перших трьох років життя, для пацієнтів із захворюваннями опорно-рухового апарату, для пацієнтів з ураженням нервової системи	Глобальна ставка	249	4	1 154
Паліативна медична допомога	2: Стаціонарна і мобільна	Глобальна ставка	485	1	513

продовження

ТАБЛИЦЯ 3.1 *продовження*

ТИП МЕДИЧНОЇ ДОПОМОГИ	КІЛЬКІСТЬ ПАКЕТІВ ТА ЇХНІЙ ОПИС	ТАРИФ	КІЛЬКІСТЬ ЗАКОНТРАКТОВАНИХ НАДАВАЧІВ		ЗАГАЛЬНА ВАРТІСТЬ ДОГОВОРІВ, UAH МІЛЬЙОНИ
			ЗАГАЛЬНА	ПРИВАТНІ	
Інші типи фінансування (перехідна фінансова підтримка)					
Фінансова компенсація у зв'язку із втратою надходжень до закладів	Запроваджена для закладів, які зазнали значні фінансові втрати після запуску нових механізмів виплат лікарням у квітні 2020 р.	Визначається окремо для кожного закладу	490	0	1 930
Підвищення заробітної плати	Запроваджено у вересні 2020 р. для тимчасового підвищення заробітної плати медичному персоналу з вересня по грудень 2020 р. (пізніше було продовжено до березня 2021 р.)	70% надбавка для терапевтів; 50% для медичних сестер/братів; 30% для молодшого медичного персоналу	1 596	0	5 089
Загальна кількість	31		**3 103**	**611**	**85,217**

Примітка: Загальні суми не округлюються до 100 відсотків через дублікати, що виникають у результаті того, що багато надавачів уклали договори на купівлю численних пакетів ПМГ. ПМГ = Програма Медичних Гарантій.

картки та електронні направлення. Дані е-здоров'я також збираються на великі онлайн-панелі, а статистика закупівель ПМГ—на веб-сайті НСЗУ. Незважаючи на технічні труднощі, викликані, серед іншого, дуже стислими термінами для запровадження реформи, система е-здоров'я надає НСЗУ велику кількість основних даних про закупівлі у межах ПМГ, які можна використовувати не лише для управління контрактами та виплатами, але й для моніторингу наданих послуг та інформування щодо прийняття рішень та розробки політики в даному секторі.

Різні види допомоги, які покриває ПМГ, будуть обговорені більш детально далі у цьому розділі. Основні рекомендації щодо розширення пакету ПМГ та закупівлі послуг, які покриває ПМГ, об'єднано за такими розділами: первинна медична допомога, ПДЛ та спеціалізована медична допомога—амбулаторна, догоспітальна екстрена та стаціонарна медична допомога.

ПЕРВИННА МЕДИЧНА ДОПОМОГА

Обсяг пакету ПМГ для первинної медичної допомоги та способи придбання послуг для ПМД суттєво не змінилися з моменту запуску реформи ПМД у 2018 р. Пакет послуг для рівня первинної медичної допомоги було визначено на початку впровадження ПМГ, а стратегічні закупівлі послуг для ПМД стали першим кроком у реформі фінансування охорони здоров'я. Медичні послуги ПМД чітко визначені в ПМГ, і вони надаються відповідно до встановлених правил, зокрема укладається договір із надавачем послуг у сфері ПМД, послуги оплачуються за капітаційною ставкою, і вони є безкоштовними для населення і не вимагають доплат. Оплата залишкового балансу заборонена. Надавачі послуг на рівні ПМД можуть стягувати з пацієнтів оплату лише за певні послуги, зазначені в Постанові Кабінету Міністрів України № 1138[2], у розмірі, затвердженому місцевою владою. У визначення пакету послуг ПМД, умов закупівлі та вимог щодо надання послуг не було внесено жодних істотних змін, за винятком коригування в бік збільшення капітаційної ставки у листопаді

2020 р. для компенсації ризиків надання медичної допомоги під час пандемії COVID-19 та деяких протоколів, пов'язаних з COVID-19 для забезпечення безпеки медичних працівників і пацієнтів. Як і всі послуги в межах ПМГ, комунальні послуги оплачуються органами місцевого самоврядування (ОМС), і за бажанням ОМС також можуть надавати додаткові ресурси для фінансування поточних і капітальних витрат.

Обсяг послуг ПМД, які покриває ПМГ

Послуги ПМД, які покриває ПМГ, чітко визначені та надаються всім жителям України, які уклали декларацію із лікарем первинної ланки. Ці послуги включають діагностику та лікування поширених та хронічних захворювань, профілактичний скринінг та вакцинацію, ведення вагітності, медичну допомогу дітям, а також деякі види екстреної та паліативної допомоги. Наказ МОЗ 504 від 2018 р. визначає обсяги надання послуг на рівні ПМД, включаючи 17 видів консультацій та втручань на рівні ПМД та 8 видів лабораторно-діагностичних обстежень, а також мінімальні вимоги до персоналу та обладнання.

ПДЛ, яка відшкодовує оплату за виписані лікарські засоби, придбані в аптеках, розроблена на основі пакету послуг ПМД. Пакет послуг ПМД був розроблений відповідно до ПДЛ—програми фінансування закупівлі лікарських засобів для амбулаторного прийому, призначених на рівні ПМД, шляхом відшкодування витрат законтрактованим аптекам. Ця програма детально розглянута в розділі «ПДЛ для амбулаторної медичної допомоги». Розробка ПДЛ виявилася позитивною рушійною силою роботи ПМД. Більшість епізодів первинної медичної

РИСУНОК 3.3

Часове зображення розвитку системи е-здоров'я

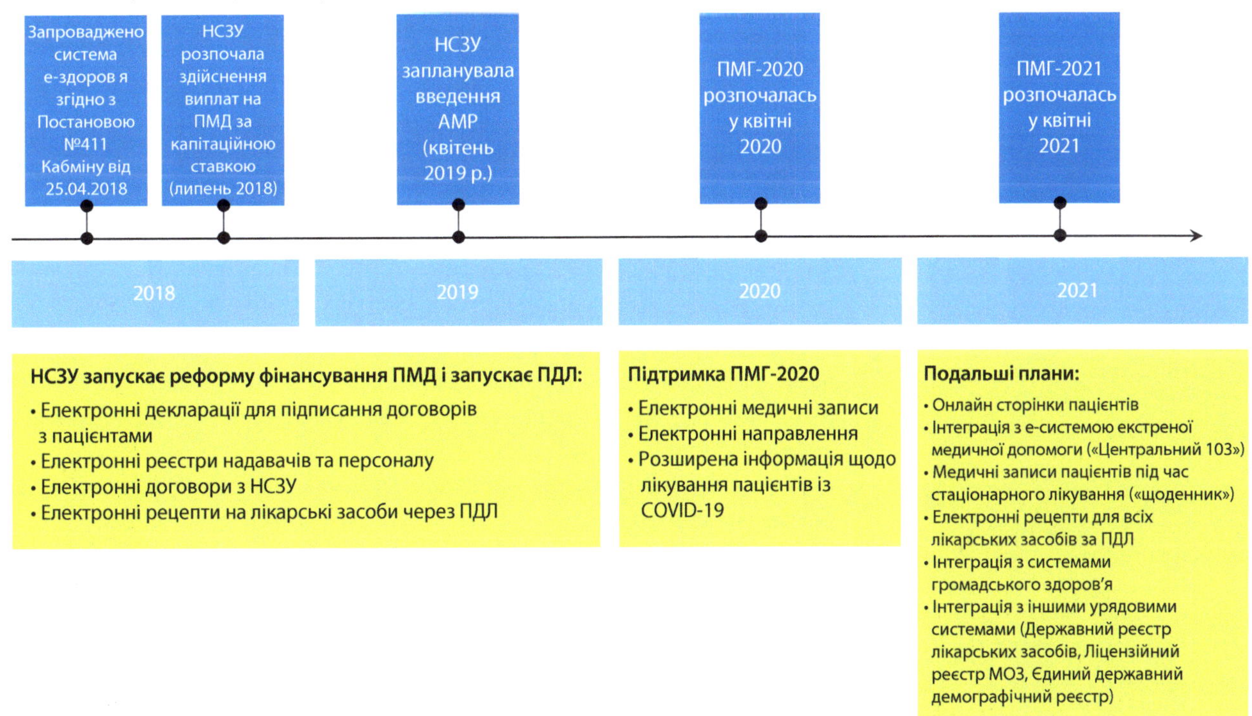

Джерело: Оригінальний рисунок для цієї публікації.
Примітка: ПДЛ = Програма «Доступні ліки»; МОЗ = Міністерство охорони здоров'я; НСЗУ = Національна служба охорони здоров'я; ПМД = первинна медична допомога.

допомоги, зареєстрованих в системі електронних медичних карт протягом 2020 р., були пов'язані з пацієнтами, які зверталися за направленням або рецептами на лікарські засоби; понад 60 відсотків відвідувань передбачали отримання рецептів. Лікарі ПМД також вказували рецепти як одну з найчастіших причин відвідувань пацієнтів, поряд з лікуванням хронічних захворювань та видачею листків непрацездатності.

Починаючи з 2021 р., МОЗ та НСЗУ розпочали поступове розширення обсягу послуг ПМД, які покриває ПМГ. Розширення обсягу медичних послуг на рівні ПМД має включати послуги, пов'язані з COVID-19, психічними та поведінковими розладами, додатковими лабораторними дослідженнями, та послуги, пов'язані з веденням пацієнтів із хронічними захворюваннями, ТБ та послугами вакцинації, не пов'язаними з COVID-19.

Організація ПМД

Пацієнти повинні укласти контракт із надавачем послуг ПМД, який є законтрактований із НСЗУ, але можуть змінити свого надавача в будь-який момент. Усі громадяни та постійні мешканці України мають право обирати лікаря первинної ланки медичної допомоги, таким чином укладаючи договір із організацією, яка надає послуги ПМД, де працює лікар, якого вони обрали.[3] До квітня 2020 р., через 24 місяці після початку укладання договорів, 76 відсотків населення (30,5 млн. осіб) зареєструвалися у надавача послуг ПМД.[4] Незважаючи на можливість змінити обраного надавача послуг у будь-який час, суттєвої міграції пацієнтів між надавачами з початку підписної кампанії не було; з січня 2019 р. по вересень 2020 р., за період, за який доступні дані, лише близько 3,7 відсотка зареєстрованого населення змінили надавача послуг.[5]

Більшість надавачів послуг ПМД є центрами ПМД, які об'єднують численних лікарів та пункти надання послуг в рамках однієї юридичної особи; 23 відсотки надають послуги самостійно. У 2020 р. НСЗУ уклала контракт щодо послуг у межах ПМГ з 1 695 надавачами послуг ПМД. З них більшість (77 відсотків) були центрами ПМД (юридичні особи, які складаються з кількох амбулаторій ПМД і діють як комунальні некомерційні організації або приватні підприємства), а решта (23 відсотки) мали свою приватну практику.[6] Загалом, 35 відсотків усіх надавачів були надавачами приватної форми власності. Більшість лікарів, які працюють у цих закладах—сімейні лікарі (66 відсотків), решта—педіатри (20 відсотків) та терапевти (15 відсотків). Дані про середній медичний персонал відсутні.

Середня кількість пацієнтів на одного лікаря в цілому в межах рекомендованої межі і майже однакова в сільській і міській місцевості. Надавачам послуг рекомендується навантаження в межах 1 800 пацієнтів на одного сімейного лікаря, 2 000 дорослих на одного терапевта та 900 дітей на одного педіатра. Середня кількість декларацій залишилася в межах цього ліміту (при цьому в середньому надавача послуг ПМД має 1 300 пацієнтів на одного лікаря, у тому числі 1 465 пацієнтів на сімейного лікаря, 1 336—на терапевта та 713—на педіатра), але близько 8 відсотків практик перевищили рекомендований поріг. Половина надавачів послуг працюють у сільській місцевості. Вони, як правило, менші, ніж у містах: у середньому сільський надавач послуг ПМД має 1 754 пацієнта на одну практику (одну локацію) порівняно з 7 453 пацієнтами у великих містах і 5 462 у невеликих містах. При цьому середня кількість пацієнтів на одного лікаря у сільській та міській місцевості майже однакова.

Якість медичної допомоги ще не вимірюється та не оцінюється систематично ні на рівні надавачів послуг, ні на системному рівні. НСЗУ моніторить надавачів послуг ПМД на предмет дотримання умов договорів та потенційного шахрайства, але немає моніторингу покращення ефективності чи якості, а також заходів клінічного аудиту. Система е-здоров'я допомагає Національній службі охорони здоров'я моніторити дотримання умов договору та мінімізувати потенційне шахрайство. Проте наразі не існує системи вимірювання та покращення якості. Протоколи лікування на рівні ПМД не оновлюються регулярно, і хоча МОЗ надає лікарям доступ до понад 1 000 протоколів лікування Duodecim, заснованих на доказах, ліцензованих Фінським медичним товариством, лише деякі з них були перекладені з англійської мови, і вони не були адаптовані до українських умов. Наприклад, дані протоколи містять посилання на лікарські засоби та методи лікування, які наразі не входять до Національного переліку основних лікарських засобів (НПОЛЗ). Крім того, використання фінських протоколів лікування не є обов'язковим. НСЗУ мала намір запровадити умови контракту, пов'язані з виконанням, зосередившись на профілактичних заходах, скринінгу груп ризику та доступі до амбулаторних лікарських засобів для цільових груп пацієнтів із хронічними захворюваннями. З вересня 2021 р. запроваджено виплати закладам за результати вакцинації дітей до 6 років проти кору.

Існуючі нормативно-правові акти наразі ще не чітко визначають модель надання послуг ПМД та те, як її слід інтегрувати з іншими рівнями медичної допомоги. Надання ПМД регулюється рядом наказів МОЗ[7], які дозволяють різні варіанти організації медичної допомоги, але не дають вказівок щодо цілей у межах ПМД, ролі ПМД у ширшій системі охорони здоров'я та бажаних моделей надання послуг. МОЗ розпочало підготовку документів для заповнення цієї прогалини—наразі МОЗ, без дати) готує «Білу книгу щодо моделі надання послуг охорони здоров'я в Україні» (ВООЗ та МОЗ 2020) та проект «Концепції розвитку первинної медичної допомоги в Україні до 2031 р.», але жодна ще офіційно не затверджена. Поточні пропозиції щодо нового бачення первинної медичної допомоги включають перехід до моделі групової практики з розширеним набором навичок та мультидисциплінарними командами; підвищення ролі профілактики та лікування неінфекційних захворювань (НІЗ), включаючи психічне здоров'я та інфекційні захворювання, такі як ТБ; більш широкий спектр медичних послуг; і нову систему підвищення якості. Інші зміни, як-от розширення ролі медсестринського персоналу, обговорювалися, але наразі ще не прийняті.

Використання цифрових технологій у наданні послуг на первинній ланці в Україні ще недостатньо розвинене. Хоча базове обладнання та технології для підтримки е-здоров'я—комп'ютери, підключення до Інтернету та інформаційна система управління—є вимогами контракту, і тому всі заклади на ланці ПМД мають їх, цифрові технології ще не використовуються в повній мірі. Справді, опитування надавачів послуг ПМД у віддалених районах у 2019 р. показало, що понад 90 відсотків мають постійний доступ до Інтернету та персонального комп'ютера для надання послуг онлайн (МОЗ 2019). Протягом останнього десятиліття Україна намагалася посилити використання цифрових технологій, які часто називають телемедициною,[8] у наданні ПМД за допомогою кількох пілотних ініціатив. У 2017 р. Закон «Про підвищення доступності та якості медичного обслуговування у сільській місцевості»[9] запровадив поняття телемедицини та перерахував широкий спектр обладнання та інфраструктури, які можна було придбати за рахунок коштів централізованого бюджету для ширшого використання цифрових технологій у 2017 р. у наданні послуг через ПМГ. Проте цілісної стратегії впровадження телемедицини в Україні досі не розроблено, а її потенціал залишається нереалізованим.

Пандемія COVID-19 кинула виклик організації та наданню послуг ПМД, але також прискорила деякі необхідні зміни, зокрема впровадження та використання цифрових технологій для консультацій. Як правило, надавачі послуг у сфері ПМД повідомляли про тиск, пов'язаний із наданням медичної допомоги та спостереженням за пацієнтами з підозрою або підтвердженим COVID-19. Але COVID-19 також спричинив введення деяких позитивних корективів та прискорив необхідні зміни в організації надання послуг. Наприклад, він показав, наскільки важливими можуть бути телеконсультації для надання основних послуг, і посилив необхідність розробити дієвий план розвитку цифрового здоров'я в Україні, включаючи шляхи забезпечення доступу до технологій, прийняття відповідних інструментів і розвитку навичок, а також захист конфіденційності. Щоб внести зміни, необхідні в організації та наданні послуг, МОЗ разом із НСЗУ, партнерами з розвитку та окремими представниками надавачів послуг у сфері ПМД створили робочу групу та підготували переглянуті стандарти надання медичної допомоги та організації надання послуг щодо COVID-19.

Оплата послуг первинної медичної допомоги через ПМГ на основі капітаційної ставки

Оплата послуг надавачам на рівні ПМД здійснюється на основі національної капітаційної ставки, з поправкою на вік та географічний регіон. Протягом перших 6 місяців після запуску реформи (липень—грудень 2018 р.) надавачі послуг ПМД, що мають контракт із НСЗУ, отримували простий капітаційний бюджет на основі фактичної кількості зареєстрованих пацієнтів. Єдина капітаційна ставка встановлюється на національному рівні та коригується відповідно до віку (0–5, 6–17, 18–39, 40–64, 65 років і старше) та географічного регіону з урахуванням вищої вартості забезпечення в гірських районах. Капітаційний бюджет покриває заробітну плату, лікарські засоби, матеріали та адміністративні видатки. Починаючи з 2019 р., НСЗУ запровадив коригування формули для штрафування надавачів медичних послуг, які перевищують рекомендовану кількість укладених декларацій: капітаційна ставка зменшується[10], якщо надавач медичних послуг перевищує ліміт на 10 відсотків, і встановлюється на рівні нуля за кожну додаткову декларацію після досягнення 150 відсотків ліміту.

Виплати не коригуються відповідно до того, чи це групова, чи приватна практика. Немає фінансових стимулів для створення групової практики або створення мережі для спільного використання деяких ресурсів, таких як лабораторії, діагностичне обладнання, управлінські/адміністративні функції та персонал. Також для надавача медичних послуг немає вбудованих стимулів, щоб розширити команду ПМД до більш мультидисциплінарної. Проте надавачі послуг ПМД мають можливість додавати до своєї команди певних спеціалістів, як-от соціальні працівники.

З листопада 2020 р. базова капітаційна ставка була збільшена на 8,5 відсотка і залишилася на цьому рівні в плані ПМГ у 2021, щоб відобразити зростаюче навантаження на фоні COVID-19, включаючи збір лабораторних зразків. Розширення обсягу послуг ПМГ, пов'язане з COVID-19, у квітні 2020 р.

включало новий пакет для надавачів медичних послуг, включаючи надавачів послуг на рівні ПМД, для створення мобільних бригад для збору зразків для тестування. Очікувалося, що цей пакет покриє, серед інших витрат, 300-відсоткову надбавку до зарплати медичних працівників мобільних бригад, але не власне витрати на тестування, яке фінансувалося окремо. До грудня 2020 р. лише 33 відсотки всіх надавачів послуг ПМД, які уклали контракти з НСЗУ—556 із 1 681[11]—підписались на цей пакет; право на участь включало збір щонайменше 150 зразків для тестування на місяць, а тестування на COVID-19 не було включено до переліку послуг, які надавачі на рівні ПМД мали надавати.[12] Проте надавачі медичних послуг могли направляти пацієнтів на тестування до інших закладів, оскільки воно не входило до їхніх послуг. Починаючи з листопада 2020 р. МОЗ включило відбір проб на COVID-19 до переліку обов'язкових послуг, які мали надаватись закладами ПМД. Щоб компенсувати видатки на це нововведення та інші видатки, що з'являлися через зростання навантаження на фоні COVID-19, такі як спостереження за пацієнтами, які лікуються вдома, уряд збільшив базову капітаційну ставку на первинній ланці медичної допомоги на 8,5 відсотка з листопада 2020 р. Підвищена капітаційна ставка без додаткового пакету для мобільних бригад збереглася в ПМГ у 2021 до грудня 2021 р. Пакет, що оплачує мобільні бригади тестування, був припинений у січні 2021 р.

Крім того, у плані ПМГ у 2021 НСЗУ розширила модель фінансування ПМД, включивши в неї механізм капітаційної ставки та додаткові фінансові стимули у вигляді доплат за результати. Виплати у сфері медичних послуг за капітаційною ставкою—це простий та ефективний спосіб запобігти надмірним рахункам за послуги, але це також тягне за собою потенційний ризик того, що лікарі можуть надавати менший обсяг допомоги, ніж потрібно пацієнтам. Наприклад, після підписання декларації з пацієнтом та забезпечивши собі відповідну капітаційну суму, лікарі можуть витрачати менше часу на консультації та виконувати менше діагностичних процедур, ніж потрібно. До певної міри цей ризик пом'якшується українським підходом, який дозволяє пацієнтам змінити надавача медичних послуг на первинній ланці, що стимулює підвищення якості через конкуренцію. Однак цього не завжди достатньо, особливо якщо вибір серед надавачів медичних послуг обмежений, як це може бути у сільській місцевості. Поєднання капітаційних виплат з іншими механізмами оплати, такими як оплата за результати, може допомогти компенсувати ці протилежні стимули та стимулювати підвищення якості надання медичних послуг. НСЗУ розробляє для цього ряд інновацій, деякі з яких вже включені до ПМГ у 2021. Вони включають елемент виплат за результати для досягнення цілей охоплення вакцинацією та виплати за кожного пацієнта для підтримки амбулаторного лікування пацієнтів із ТБ на рівні ПМД у координації з фтизіатом на вищому рівні медичної допомоги. Крім того, новий пакет ПМГ у 2021, що покриває вакцинацію проти COVID, матиме елемент оплати за результати, щоб винагородити кожну вакцинацію, проведену надавачем послуг за контрактом. Виявлення та лікування НІЗ є ще однією сферою, яка має високий потенціал для запровадження елемента оплати за результати, але наразі цього не планується.

Рекомендації

Реформи ПМГ 2017–2020 р. дали значний поштовх розвитку сфери ПМД, піднявши загальний рівень фінансування, запровадивши нові методи оплати, які стимулюють надання медичної допомоги, надавши надавачам медичних послуг більшу автономію та гнучкість, а також розширивши використання електронних систем охорони здоров'я. Загалом, компонент ПМД у реформі фінансування сфери охорони здоров'я добре розроблений та добре реалізований. Для того, щоб первинна ланка медичної допомоги реалізувала свій потенціал у покращенні стану здоров'я населення, необхідні додаткові заходи, описані в наступних розділах:

У короткостроковій перспективі

- Завершити та затвердити стратегічне бачення надання послуг на рівні ПМД, в ідеалі як частину ширшої моделі надання медичних послуг, яка покриває весь континуум медичної допомоги. Це дало б можливість ПМД взяти на себе нові функції та координуватись із спеціалізованою, екстреною, паліативною та сферою громадського здоров'я для боротьби із захворюваннями на початкових стадіями, знизивши таким чином загальну вартість медичної допомоги в Україні.
- Розробити політику та встановити функції в МОЗ та НСЗУ для систематичного вимірювання та оцінювання якості медичної допомоги. Запровадити систему моніторингу ефективності на рівні ПМД, щоб порівняти результати між закладами і в межах закладу за певний час і покращити підзвітність за надання якісної медичної допомоги.
- Пропагувати та посилювати використання цифрових технологій для значного покращення доступу до послуг на рівні ПМД та їхньої якості. Розширення телеконсультацій допомогло б покращити обслуговування пацієнтів, які живуть у віддалених районах, людей похилого віку та людей із обмеженими можливостями пересування, а також допомогло б підтримувати основні послуги під час наступних хвиль пандемії COVID-19 та будь-яких інших майбутніх пандемій. На додаток до вже існуючих базових нормативно-правових актів, уряд потребує більш комплексної стратегії та реалістичного плану дій, щоб забезпечити виконання необхідних інвестицій, правил та навичок.
- Розглянути можливість розширення використання виплат на основі результатів роботи, які доповнюють виплати за капітаційною ставкою, щоб заохотити надавачів послуг на рівні ПМД активно звертатися до людей, які потребують даних послуг, та покращити збір даних щодо результатів роботи на рівні ПМД. Це може бути одним із перших кроків, які допоможуть зробити лікування основних хронічних захворювань ефективнішим та стимулювати надання певних послуг—як-от ведення пацієнтів із ТБ та вакцинація—які наразі надаються на недостатньо високому рівні. Таке розширення також могло б надавати дані про ключові сфери діяльності ПМД.

У довгостроковій перспективі

- Переглянути критерії укладання договорів, які застосовує НСЗУ для просування нещодавно формалізованого бачення надання послуг на рівні ПМД, щоб збільшити та узгодити спроможність подолати існуючий тягар захворювань та посилити стійкість до нових викликів, як-от епідемії.
- Запровадити стандартизовані клінічні протоколи, призначені для використання в рамках ПМГ на рівні первинної медичної допомоги. Це вплине не тільки на забезпечення якості медичної допомоги, але й допоможе надавачам послуг надавати найефективнішу допомогу, яку вони можуть надати в рамках свого бюджету за капітаційною ставкою.

- Розробити процес планового, регулярного перегляду капітаційної ставки з метою врахування будь-якого збільшення видатків на забезпечення потужностей (наприклад, інфляції, підвищення заробітної плати) та зміни обсягу послуг у пакеті ПМД, що підтримується надійною методологією розрахунку видатків.
- Розробити механізми міжтериторіальної (між громадами) співпраці між групами сусідніх громад для підтримки розподілу ресурсів між невеликими сільськими центрами ПМД.

ПДЛ ДЛЯ АМБУЛАТОРНОЇ МЕДИЧНОЇ ДОПОМОГИ

Область застосування ПДЛ

ПДЛ було запроваджено у 2017 р. для підвищення доступності лікарських засобів для амбулаторного лікування через законтрактовані аптеки для пацієнтів із пріоритетними станами. Спочатку нею управляли ОМС, а фінансування надходило за рахунок цільової субвенції від уряду. НСЗУ взяла на себе адміністрування ПДЛ у 2019 р., спочатку як окрему програму, а потім як один із компонентів ПМГ. Спочатку ПДЛ охоплювала три вибрані стани: серцево-судинні захворювання (ССЗ), бронхіальну астму (БА) та цукровий діабет 2 типу (ЦД 2 типу). Перелік ліків, на які поширюється ПДЛ, поступово розширювався; наразі він включає 27 міжнародних непатентованих назв (МНН) і 297 лікарських засобів[13], але залишається зосередженим на трьох початкових станах, визначених як високопріоритетні.

Перелік лікарських засобів для ПДЛ визначено з використанням міжнародних непатентованих назв (МНН), а потім специфіковано за торговими марками шляхом звернення до компаній, чиї лікарські засоби включено до НПОЛЗ. Щоб визначити лікарські засоби, які підлягають реімбурсації згідно з ПДЛ, уряд затверджує перелік МНН, жодна з яких не прив'язана до конкретної торгової марки. Власники фармацевтичних торгових марок або їх представники можуть подати заявку на включення їх продукції як кандидатів на відшкодування, за умови, що їхні лікарські засоби також включені до НПОЛЗ України (затвердженого Кабінетом Міністрів [КабМін]). Якщо їхні заявки будуть успішними, їх лікарські засоби включаються до «реєстру лікарських засобів, які мають право на відшкодування», який переглядається двічі на рік. Спеціальні перегляди також допускаються у випадках, коли уряд змінює обмеження на ціноутворення, що застосовуються до НПОЛЗ. Однак НПОЛЗ є застарілим, оскільки включає лікарські засоби, які не відповідають сучасним клінічним протоколам лікування, а також засоби для монотерапії, а не комбінованої терапії, якій віддають перевагу лікарі та пацієнти.

Незважаючи на певний прогрес у запровадженні оцінки медичних технологій (ОМТ), жодне положення не визначає чітких правил і критеріїв для включення та виключення лікарських засобів (МНН) до НПОЛЗ, які потім будуть містити перелік лікарських засобів для ПДЛ. У грудні 2020 р. уряд затвердив рекомендації щодо виконання ОМТ[14], які передбачалося негайно запровадити для лікарських засобів та включати нефармацевтичні медичні технології з 1 січня 2022 р. ОМТ виконуватиметься новоствореним державним підприємством, а до моменту створення цього підприємства цю функцію тимчасово виконуватиме існуюче державне підприємство «Державний експертний центр», що діє при МОЗ, основною функцією якого є здійснення державного фармаконагляду.

Проте МОЗ ще має розробити детальні правила проведення ОМТ щодо лікарських засобів.

У 2021 р. НСЗУ розширив перелік ПДЛ, включивши до нього додаткові лікарські засоби для ССЗ, а також лікарські засоби для амбулаторного лікування неврологічних захворювань і психічних розладів (з жовтня) та інсулін (з липня). НСЗУ розширив ПДЛ, включивши ще 3 МНН для вторинної профілактики інфаркту міокарда та інсульту та 10 МНН для лікування неврологічних захворювань та психічних розладів—психічних станів, тривоги та депресії. Однак, на відміну від ліків від ССЗ, БА та ЦД 2 типу, які відпускаються за рецептом надавачами послуг на ланці ПМД, лікарські засоби для лікування неврологічних захворювань та психічних розладів мають призначати неврологи та психіатри.

Починаючи з жовтня 2021 р. включення фінансування на забезпечення інсуліном пацієнтів із цукровим діабетом має дещо іншу схему виписування та відшкодування. До 2017 р. лікування інсуліном для пацієнтів із цукровим діабетом фінансувалося за рахунок бюджету ОМС як частина їхньої широкої відповідальності за сферу охорони здоров'я. У 2017 р. уряд розпочав пілотний проект з тестування механізму компенсаційних платежів за купівлю інсуліну, але він все ще управлявся ОМС та фінансувався за рахунок дотацій на охорону здоров'я від МОЗ із доповненням із місцевих надходжень.

Кількість аптек, які уклали контракти із НСЗУ для приєднання до ПДЛ, і кількість пацієнтів, які скористалися ПДЛ, продовжує зростати, хоча кількість виписаних рецептів значно скоротилася на фоні поширення пандемії COVID-19. З моменту передачі програми «Доступні ліки» до НСЗУ в квітні 2019 р. кількість пацієнтів, які користуються програмою, зросла з 0,3 мільйона до трохи більше 2,5 мільйонів у грудні 2020 р., як показано на рисунку 3.4.

За оцінками НСЗУ, до кінця 2020 р. розширення переліку лікарських засобів у межах ПДЛ допомогло охопити 57 відсотків усіх пацієнтів із БА, 44 відсотки пацієнтів із ЦД 2 типу та 18 відсотків усіх пацієнтів із ССЗ. На даний момент є 9 295 аптек або пунктів відпуску лікарських засобів (станом на березень

РИСУНОК 3.4

Загальна кількість пацієнтів, що скористались ПДЛ

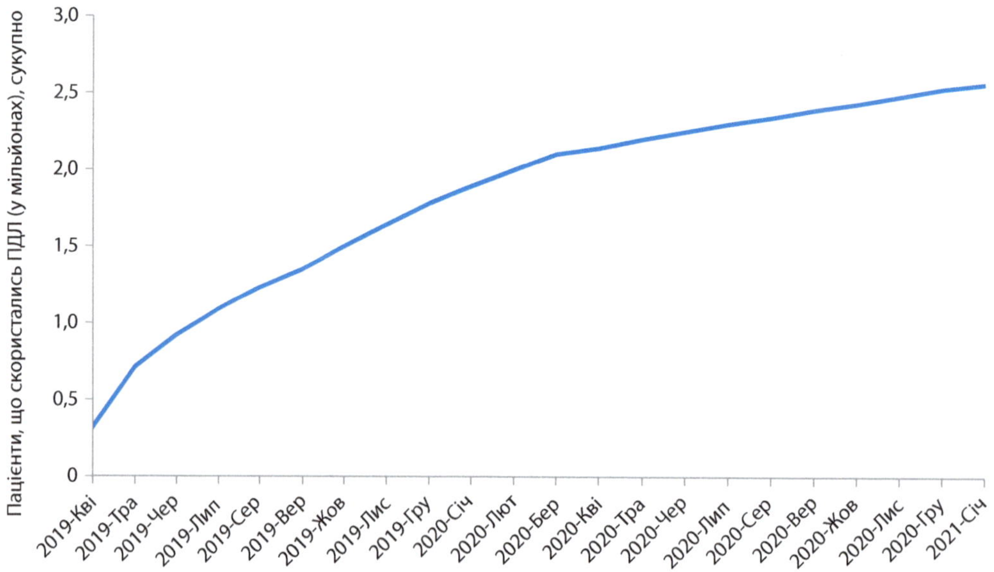

Джерело: дашборд НСЗУ, https://edata.e-health.gov.ua/e-data/dashboard.
Примітка: ПДЛ = Програма «Доступні ліки».

2021 р. 1 136 юридичних осіб, які беруть участь у ПДЛ). Рівність доступу до послуг ПДЛ все ще не є досягнутою, і її слід вдосконалювати, особливо слід знайти рішення для усунення географічної нерівності доступу. У той час як у всіх областях з 2019 по 2021 рік спостерігалося збільшення кількості аптек, законтрактованих за ПДЛ, охоплення по областях коливається від 17 до 30 аптек на 100 000 населення, як показано на Рисунку 3.5.

Незважаючи на зростання кількості учасників, щомісячна кількість рецептів, що відшкодовуються, була меншою протягом більшої частини 2020 р. порівняно з тими ж місяцями 2019 р., особливо з жовтня по грудень (рисунок 3.6). Протягом листопада 2020 р. розрив з попереднім роком

РИСУНОК 3.5

Кількість аптек, що приєдналися до ПДЛ, на 100 000 населення

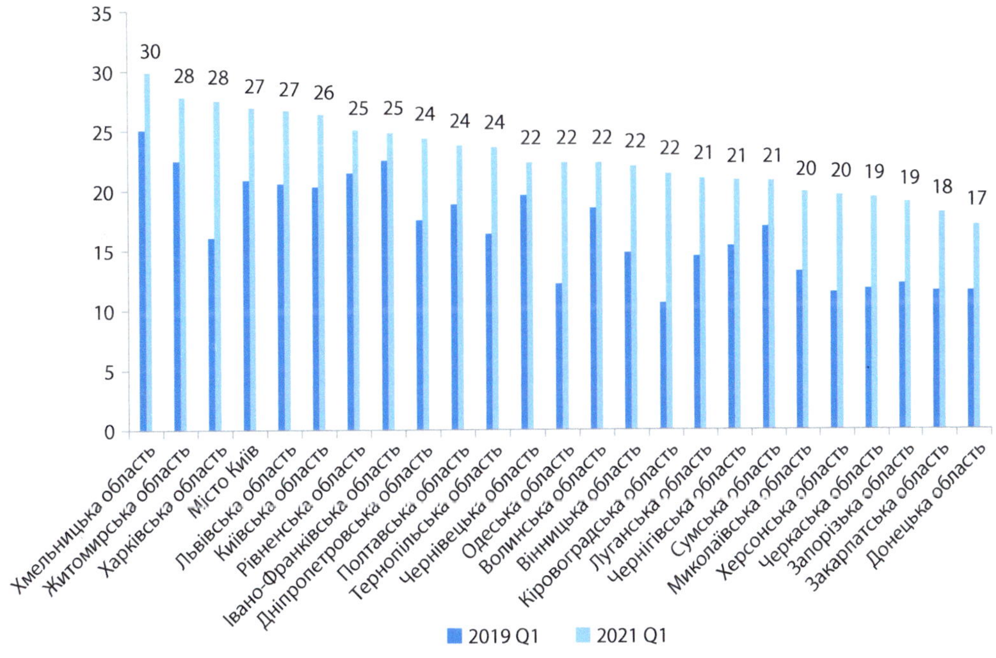

Джерело: Дашборд НСЗУ, https://edata.e-health.gov.ua/e-data/dashboard.

РИСУНОК 3.6

Кількість рецептів, виписаних за ПДЛ за місяць

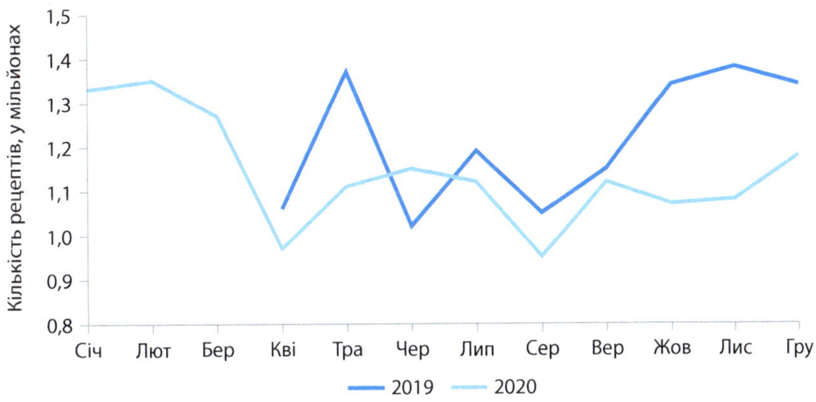

Джерело: дашборд НСЗУ, https://edata.e-health.gov.ua/e-data/dashboard.

становив близько 300 000 рецептів, що скоротилося майже на чверть. Це, ймовірно, відображає зниження звернення за медичною допомогою на первинній ланці з початку пандемії COVID-19 і, отже, неможливість отримати рецепти, які покриваються програмою «Доступні Ліки».

Механізм оплати ПДЛ

Щоб укласти договір про реімбурсацію з НСЗУ, аптека повинна відповідати наперед визначеним вимогам, включаючи діючу ліцензію на роздрібну торгівлю лікарськими засобами; можливості інформаційних технологій для підтримки аптечної інформаційної системи, яка дозволяє обмінюватися інформацією з центральною базою даних е-здоров'я; та кваліфіковані електронні підписи всіх працівників, які відпускатимуть ліки за електронним рецептом.

НСЗУ відшкодовує законтрактованим аптекам вартість лікарських засобів на підставі е-рецептів, виписаних через систему е-здоров'я. Пацієнти з ССЗ, БА та ЦД 2 типу отримують рецепти від своїх сімейних лікарів і отримують виписані лікарські засоби безкоштовно або за невелику доплату в аптеках, законтрактованих НСЗУ. Весь процес—ідентифікація пацієнта, призначення ліків, надання ліків, верифікація та відшкодування—відбувається за допомогою е-рецепта системи е-здоров'я. Система е-здоров'я також використовується для внутрішньої перевірки заяв на відшкодування, а також генерує широкий спектр даних, деякі з яких доступні онлайн та на інформаційних панелях. Інформаційні панелі містять інформацію про аптеки, законтрактовані за ПДЛ, за географічним регіоном, детальну інформацію про призначені та відпущені лікарські засоби та відшкодування. Система електронних рецептів наразі обмежена рецептами на лікарські засоби в програмі ПДЛ, а всі інші рецепти залишаються в паперовій формі.

Ціни на відшкодування встановлює МОЗ на основі комбінації внутрішнього та зовнішнього механізму референтного ціноутворення. *Політику* відшкодування встановлює МОЗ, використовуючи комбінацію механізму зовнішнього та внутрішнього референтного ціноутворення. Для визначення середньої референтної ціни для кожного МНН використовуються дані з п'яти країн Східної Європи—Чехії, Угорщини, Латвії, Польщі та Словацької Республіки. На внутрішньому ринку генеричні препарати з ціною вищою за референтну (міжнародну) не відшкодовуються. Для кожної МНН, що відшкодовується, найнижча ціна на генерик на місцевому ринку стає референтним тарифом відшкодування. Генерики на внутрішньому ринку, ціна яких нижча від ціни (міжнародної) реімбурсації, але вища за (внутрішній) референтний тариф для реімбурсації, підлягають реімбурсації, але пацієнт повинен сплатити різницю між ринковою ціною та референтною ціною відшкодування. Це означає, що пацієнт може отримати ліки безкоштовно, якщо він готовий отримати найдешевший генеричний препарат. Такий підхід до ціноутворення робить ліки доступнішими для пацієнтів, але він не гарантує, що пацієнти мають доступ до найдешевшої альтернативи.

Обсяг бюджету ПДЛ визначається на основі тенденцій у виписуванні лікарських засобів, очікуваної кількості пацієнтів і рецептів за групами захворювань, а також місячних лімітів на видатки, визначених на рівні НСЗУ, після чого рецепти, які мають право на відшкодування, притримуються до наступного місяця. НСЗУ поступово вдосконалював свій підхід до планування бюджету ПДЛ. Спочатку прогноз витрат у межах ПДЛ базувався виключно на кількості рецептів. Починаючи з 2020 р., НСЗУ використовує орієнтовну кількість пацієнтів і потреб за групами хвороб як основу для планування бюджету та звітності.[15] Такий підхід став можливим за допомогою системи E-Health, яка допомагає визначити кількість унікальних пацієнтів, які користуються програмою «Доступні ліки», сезонні відмінності у її використанні та моделі супутніх захворювань. Система e-Health відстежує сукупну місячну вартість усіх зареєстрованих рецептів у порівнянні з місячним лімітом витрат. Відповідно до законодавства, якщо місячна вартість виписаного рецепта перевищує такий ліміт, подальші рецепти на ліки, що відшкодовуються, притримуються до наступного місяця. У цей момент пацієнти можуть купувати ці ліки в аптеках за повною ціною, але без відшкодування. Однак на практиці ніколи не було ситуації, щоб НСЗУ вичерпав місячний ліміт бюджету ПДЛ.

Рекомендації

ПДЛ відіграє важливу роль у забезпеченні населення безкоштовними або недорогими лікарськими засобами для медичних станів, які вражають велику частину населення і які можна ефективно лікувати за допомогою правильних ліків. Проте є важливі заходи, які можна вжити для підвищення клінічної доцільності, економічної ефективності та рівності доступу до лікування:

У короткостроковій перспективі

- Актуалізувати НПОЛЗ, на якому ґрунтується ПДЛ, щоб забезпечити узгодженість лікарських засобів, включених до Переліку, з сучасними клінічними протоколами, а також їхню економічну ефективність. Крім того, для забезпечення своєчасного оновлення НПОЛЗ у майбутньому, необхідно доопрацювати розробку нормативно-правових актів, які регулюють новий процес ОМТ (що буде використовуватися для оновлення НПОЛЗ), відповідно до графіку, затвердженого Постановою Кабміну від грудня 2020 р.
- Оцінити компроміси між включенням більшої кількості станів і лікарських засобів до ПДЛ (деякі з них потенційно дорогі) та обсягом, забезпеченням достатнього фінансування для менш дороговартісних, економічно ефективних лікарських засобів, які призначені для лікування станів, що поширені серед великої кількості населення. Оцінити також вплив на ПМГ. ОМТ також може відігравати в цьому важливу роль.
- Переконатися, що ПДЛ розширюється рівномірно в усіх регіонах, а також у соціально-економічних зонах у межах кожного регіону, щоб зменшити географічний дисбаланс у доступі населення до аптек, законтрактованих за ПДЛ. НСЗУ та МОЗ могли би комунікувати з аптеками в «недостатньо забезпечених» місцевостях з метою потенційного контрактування.

У довгостроковій перспективі

- Проаналізувати потенціал НСЗУ в контексті моніторингу повторюваних алгоритмів виписування рецептів не лише на предмет потенційного шахрайства з боку надавачів послуг або пацієнтів, а й у покращенні клінічної якості медичних послуг шляхом визначення, чи є рецепт потрібним і доцільним для діагностованого стану пацієнта.
- Розглянути можливість поступового розширення системи електронних рецептів, щоб охопити весь спектр рецептів, включаючи ті, які не є частиною ПДЛ. Це дозволить посилити контроль за виписуванням рецептів для боротьби з неправильним використанням, шахрайством і надмірними призначеннями, а також покращувати клінічну доцільність призначеного лікування.

СПЕЦІАЛІЗОВАНА ДОПОМОГА: АМБУЛАТОРНА, ДОГОСПІТАЛЬНА ЕКСТРЕНА ТА СТАЦІОНАРНА МЕДИЧНА ДОПОМОГА

Спеціалізована допомога, новий компонент у пакеті послуг ПМГ, доданий у квітні 2020 р., неодноразово змінювався для задоволення потреб медичної допомоги у зв'язку з COVID-19, та пом'якшення ризиків та фінансових втрат, пов'язаних як із COVID-19, так і з реформою фінансування охорони здоров'я. Починаючи з квітня 2020 р., уряд розширив обсяг послуг у ПМГ, який раніше обмежувався послугами ПМД, включивши також усі види спеціалізованої допомоги—стаціонарну, амбулаторну та екстрену допомогу. НСЗУ почала закуповувати ці послуги, використовуючи поєднання нових методів оплати, які, як очікується, значно перерозподілять попереднє фінансування між надавачами послуг, при цьому одні лікарні виграють, а інші зазнають значних збитків. Водночас нерівномірні зміни в підтримці ОМС лікарень, які належать громаді міста, посилювали фінансові ризики, а в деяких випадках—погіршували збитки. Для компенсації надавачам потенційної нестачі надходжень, уряд запровадив перехідний компонент ПМГ, який надає фінансову підтримку цим лікарням, обмежуючи збитки на рівні 10 відсотків попередніх бюджетів.[16] Цей етап реформи збігся з початком пандемії COVID-19, що ускладнило впровадження реформи та створило необхідність внесення змін. Зокрема, уряд запровадив додаткові пакети послуг для надавачів послуг, які лікують пацієнтів із COVID-19, та розширив перехідну підтримку компенсації лікарням зниження доходів, спричинену втратою допомоги під час пандемії.

Організація надання спеціалізованої медичної допомоги

Стаціонарну медичну допомогу в Україні надає розгалужена і, можливо, надмірна мережа лікарень. У той час як показники госпіталізації для лікування в Україні подібні до таких показників у 13 сусідніх нових членів ЄС (ЄС-13), середня тривалість перебування (СТП) значно вища, ніж у країнах ЄС-13 (10,33 дні проти 6,6 днів),[17] що означає, що, незважаючи на те, що кількість лікарняних ліжок також значно вища, ніж у середньому в країнах ЄС-13 (5,51 на 1 000 населення проти 4,26 на 1 000 населення)[18], рівень завантаженості ліжок становить близько 85 відсотків (що набагато вище, ніж у країнах-членах ЄС, де він коливається від 65 до 82 відсотків).[19] Орієнтований на лікарню характер надання послуг зберігається, незважаючи на помітне зниження показників госпіталізації, СТП та кількість лікарняних ліжок з 2015 р., завдяки ініціативам уряду щодо оптимізації розмірів медичних закладів, які скорочують кількість ліжок, а в деяких випадках - кількість закладів. Однак все ще є місце для подальшої оптимізації розміру медичних закладів.

На відміну від європейських країн, в Україні існує сегрегація однопрофільних лікарень, які надають довготривалу стаціонарну допомогу. Найбільш показовою є надлишкова кількість лікарняних ліжок для пацієнтів із ТБ: із загальної кількості лікарняних ліжок в Україні 4,1 відсотка використовується для лікування пацієнтів із ТБ; СТП на цих ліжках становить 85,6 днів (у 2019 р.)[20], оскільки пацієнти перебувають у стаціонарі після завершення інтенсивної терапії і можуть навіть не мати активної форми ТБ. Також в Україні є розгалужена мережа психіатричних лікарень, що відображає спадщину високо інституціоналізованого медичного догляду за психічним здоров'ям: 11,4 відсотка всіх лікарняних ліжок призначені для психіатричної або неврологічної допомоги, при цьому СТП становить у середньому 35,2 дня (50,6 дня для дорослих).[21] Хоча кількість лікарняних ліжок у психіатричних лікарнях помірно скоротилася в результаті оптимізації розмірів медичних закладів, рівень госпіталізації у галузі психічного здоров'я залишився незмінним, а психіатричні лікарні продовжують працювати на 92 відсотки.[22] Окрім протитуберкульозних та психіатричних лікарень, існують високоспеціалізовані стаціонарні заклади та диспансери, що спеціалізуються на злоякісних новоутвореннях, кардіологічних захворюваннях, інфекційних захворюваннях, вірусі імунодефіциту людини / синдромі набутого імунодефіциту (ВІЛ/СНІД) та рідкісних захворюваннях.

Більшість лікарняних ліжок в країні (92,2 відсотка) знаходяться під управлінням МОЗ, але частка ліжок, що належать сектору безпеки та оборони та приватному сектору, зростає з 2015 р.[23] Це також прослідковується у чисельності медичних працівників, де частка медичних працівників у приватних медичних закладах зросла з 4,5 відсотка у 2014 р. до 7,6 відсотка у 2019 р.[24]

Спеціалізована амбулаторна допомога надається амбулаторними відділеннями лікарень, клініко-діагностичними центрами (реформовані колишні поліклініки), а також приватними монопрактиками. В принципі, фізична близькість спеціалістів у центрах ПМД чи клініко-діагностичних центрах має сприяти кращій координації між ПМД та спеціалізованими центрами надання амбулаторної медичної допомоги та навіть перемістити надання амбулаторної допомоги з лікарень. Однак спільне розташування далеко не достатньо для забезпечення скоординованого надання послуг медичної допомоги, яке також має підкріплюватися новими навичками та відповідними стимулами на всіх рівнях допомоги.

На початку 2020 р., в рамках реформ, спрямованих на підвищення ефективності мережі надавачів медичних послуг, уряд затвердив список з 212 «опорних медичних закладів», які становлять мережу надавачів («спроможну мережу»), яка буде розвиватися в майбутньому. Цей план є важливим кроком на шляху до більш раціонального та ефективного підходу до інвестування в госпітальний сектор. Однак значний розсуд у виборі лікарень, незважаючи на те, що є встановлені критерії, викликає питання щодо того, чи є цей список лікарень оптимальним.

Реформа моделі надання медичних послуг керується низкою окремих стратегій, але не існує всеохоплюючої інтегрованої концепції для забезпечення узгодженості різних видів медичної допомоги. Існує проект «Білої книги щодо моделі надання послуг охорони здоров'я в Україні» (ВООЗ та МОЗ України 2020), що передбачає інтегровану модель надання послуг для всіх видів медичної допомоги, але жодної офіційної стратегії з цією метою не було прийнято або навіть розроблено.

Обсяг послуг спеціалізованої медичної допомоги, яку охоплює ПМГ

У квітні 2020 р. в Україні вперше запроваджено пакет послуг із спеціалізованою медичною допомогою. У ПМГ виокремили послуги, які покриватимуться в стаціонарних та амбулаторних умовах, а також ряд послуг з надання догоспітальної екстреної медичної допомоги (ЕМД) та мобільної допомоги. До цього спеціалізована медична допомога фінансувалася з використанням кошторисного підходу, іншими словами, шляхом затвердження бюджетних запитів закладів, організованих за економічними статтями, як-от зарплати та комунальні послуги.

На рисунку 3.7 детально описані послуги спеціалізованої медичної допомоги в рамках ПМГ, які розділені на 25 пакетів послуг, кожен з яких укладається окремо. Вони включають чотири пакети COVID-19, які були додані у відповідь на пандемію, і чотири широкі пакети, що покривають решту послуг медичної допомоги. Шістнадцять пакетів визначаються медичними станами та покривають повний набір послуг для їх лікування, як-от, мозковий інсульт, ведення пологів, психічне здоров'я, ТБ, ВІЛ та COVID-19. Ще дев'ять пакетів визначаються послугами, які можна використовувати для лікування різноманітних захворювань, як-от колоноскопія, гемодіаліз та променева терапія. Усі інші послуги, які не потрапили до жодної з цих груп, охоплюються рештою чотирма широкими пакетами, визначеними умовами надавача послуг—стаціонарна, амбулаторна та екстрена медична допомога—і також оплачуються через ПМГ. Зокрема, рисунок 3.7 ілюструє наступне:

- Комплексні набори послуг для лікування конкретних медичних станів. З 25 пакетів послуг в основу 16-ти були покладені медичні стани. Серед них: (1) чотири чітко визначені пакети послуг для лікування медичних станів в умовах стаціонару—мозковий інсульт, гострий інфаркт міокарда, ведення пологів та комплексна медична допомога новонародженим; (2) три типи пакетів комплексної медичної допомоги у сфері психічного здоров'я, ТБ та ВІЛ; (3) три—у сфері реабілітації; (4) два пакети паліативної допомоги; і (5) чотири пакети для лікування пацієнтів із COVID-19. Деякі пакети цієї групи, зокрема реабілітація, визначені більш вузько; інші визначаються ширше. Наприклад, лікування пацієнтів із ТБ включає медичну допомогу в умовах стаціонару та в амбулаторних умовах, а також поділяється на послуги з лікування ТБ, чутливого до лікарських засобів і ТБ, резистентного до лікарських засобів.

РИСУНОК 3.7

Пакети спеціалізованої медичної допомоги ПМГ, 2020 р.

Специфічні медичні стани		Специфічні втручання / специфічні послуги		Широка специфікація за умовами надавача, в яких надається послуга	
Стаціонарна (4)	• Гострий мозковий інсульт • Інфаркт міокарда • Пологи • Комплексна неонатальна медична допомога	Амбулаторна медична допомога (7)	• Мамографія • Гістероскопія • Езофагогастродуоденоскопія • Колоноскопія • Бронхоскопія • Цистоскопія • Гемодіаліз	Амбулаторне лікування (1)	• Всі інші типи послуг стаціонарної медичної допомоги
Комплексна медична допомога (3)	• Психічне здоров'я • Туберкульоз • ВІЛ	Комплексна медична допомога (2)	• Хіміотерапія • Променева терапія	Стаціонарне лікування (2)	• Всі інші типи послуг хірургічної стаціонарної медичної допомоги • Всі інші типи послуг стаціонарної медичної допомоги без хірургічних втручань
Реабілітація (3)	• Немовлята, народжені недоношеними та/або хворі протягом перших трьох років життя • Порушення опорно-рухового апарату • Ураження нервової системи			Екстрена медична допомога (1)	• Всі види екстреної медичної допомоги
Паліативна медична допомога (2)	• Стаціонарна медична допомога • Мобільна медична допомога				
COVID-19 (4)	• Мобільні бригади для проведення тестування • Екстрена медична допомога • Госпіталізація • Фінансування перехідної стадії				
	+16		+9		+4 = 29

Джерело: Підготовано персоналом Світового Банку на основі даних від НСЗУ, доступних за посиланням https://contracting.nszu.gov.ua/.

- Конкретні послуги або втручання. ПМГ у 2020 включав сім пакетів послуг, що проводяться в амбулаторних умовах, кожен з яких охоплює одну конкретну діагностичну або лікувальну послугу—мамографію, гістероскопію, езофагогастродуоденоскопію, колоноскопію, бронхоскопію, цистоскопію та гемодіаліз. Метою об'єднання окремих амбулаторних послуг в окремі пакети було стимулювання надання таких послуг надавачами, у тому числі на амбулаторному рівні. Він також мав на меті заохотити приватних надавачів укласти контракти з НСЗУ для фінансування Програмою медичних гарантій надання цих послуг. Крім того, ПМГ у 2020 включав два комплексні пакети медичних послуг щодо хіміотерапії та променевої терапії.
- Широко визначені пакети амбулаторної, стаціонарної та екстреної медичної допомоги. Усі інші послуги, які не підпадають під окремо вказані пакети, закуповуються у межах чотирьох широких пакетів, визначених налаштуваннями надавачів послуг. Ці пакети включають один об'ємний пакет послуг амбулаторної медичної допомоги, два широкі пакети послуг для стаціонарного лікування гострих станів (із хірургічним втручанням та без нього) та пакет послуг екстреної медичної допомоги. Дуже широка специфікація цих великих пакетів тягне за собою значний ризик прихованого нормування послуг надавачами та приховує роль НСЗУ як стратегічного закупівельника цих послуг. Хоча у межах двох пакетів послуг стаціонарної медичної допомоги не було специфікації конкретних послуг, лікарні, які надають такі пакети, зобов'язані повідомляти НСЗУ щодо випадків, віднесених до набору діагностично-споріднених груп (ДСГ) за українською системою та на основі австралійської системи ДСГ. Загалом два пакети послуг медичної допомоги включають 131 групу, визначену ДСГ за українською системою (УДСГ). Специфікація пакету екстреної медичної допомоги обмежує екстрені служби випадками небезпечних для життя станів, але також включає телефонні консультації у сфері екстреної медичної допомоги та реагування на стихійні лиха.

На рисунку 3.7 не показано додаткові виплати лікарням для покриття збитків від переходу на новий механізм виплат та підвищення заробітної плати, пов'язане з COVID-19, які створювалися як окремі «пакети» ПМГ. Додаткові пакети послуг, придбані для боротьби з пандемією COVID-19, включали збір зразків для лабораторного дослідження від пацієнтів із симптомами COVID-19, екстрене транспортування, медичну допомогу та тимчасову фінансову підтримку. ПМГ було розширено у відповідь на пандемію COVID-19 для покриття додаткових послуг, які надаються людям, які постраждали від COVID-19. У травні 2020 р. було укладено контракт з 237 лікарнями для надання медичної допомоги у зв'язку з COVID-19 (включаючи тестування), створено 127 мобільних бригад для відвідування пацієнтів вдома та збору зразків для тестування, а також 25 центрів екстреної медичної допомоги уклали контракти на відвідування та транспортування пацієнтів з симптомами COVID-19. Загалом у 2020 р. група надавачів медичних послуг, які уклали контракти на пакети COVID-19, охоплювала 507 лікарень та 950 мобільних бригад.[25] Крім того, НСЗУ запровадила окремий пакет для надання лікарням тимчасової фінансової підтримки. Ці перехідні виплати складалися з двох частин. Одна була доступна для лікарень, чиї обсяги бюджету скоротилися у 2020 р. в результаті зниження використання послуг у зв'язку з COVID-19, та переходу на тарифи НСЗУ. Такі збитки були повністю покриті за період з липня по вересень 2020 р. та щонайменше на 90 відсотків у наступні місяці. Друга частина перехідного пакету підтримки була доступна для всіх надавачів, законтрактованих із НСЗУ, які надають спеціалізовану медичну допомогу, щоб компенсувати додаткове навантаження на медичний персонал, що виникло внаслідок пандемії. Ці виплати були визначені виходячи з фактичної чисельності персоналу закладів, припускаючи системне підвищення їх заробітної плати.

Очікується, що надавачі медичних послуг надаватимуть лікарські засоби безкоштовно у межах стаціонарних послуг, які покриваються в ПМГ, за рахунок власних бюджетів, а також лікарських засобів, які безкоштовно надаються МОЗ через централізовані закупівлі, але на практиці велика частка лікарських засобів фінансується «з власної кишені». Усі пакети послуг спеціалізованої медичної допомоги, крім тих, що надаються в амбулаторних умовах, повністю покривають лікарські засоби. Тому очікується, що надавачі медичних послуг оплачуватимуть необхідні лікарські засоби зі свого бюджету. Крім закупівель на лікарняному рівні, вони також можуть використовувати лікарські засоби та вироби медичного призначення, закуплені централізовано МОЗ та безкоштовно надані медичним закладам через програму централізованих закупівель, яка є окремою від ПМГ та реалізується МОЗ через державне підприємство «Медичні закупівлі України».[26] Значну частку лікарських засобів, які використовувалися під час надання послуг на рівні спеціалізованої медичної допомоги, оплачували пацієнти «з кишені» (див. «Роль приватних витрат «з кишені»» у розділі 2). Наразі немає статистичних даних, щоб визначити, чи змінилася ця практика у 2020 р. з внесенням послуг спеціалізованої медичної допомоги до ПМГ. НСЗУ широко і публічно повідомила про те, що послуги пріоритетної екстреної стаціонарної медичної допомоги, включаючи надання лікарських засобів, є захищені від будь-якої форми співоплати, але не надала уточнень щодо очікувань щодо інших послуг у межах ПМГ.

Оплата спеціалізованої допомоги за ПМГ

Медичні заклади, які уклали договір на надання послуг за пакетами спеціалізованої медичної допомоги, повинні бути юридично незалежними від держави, щоб розділити закупівельника і надавача послуг та усунути конфлікт інтересів, але це також підкреслює необхідність посилення управління та підзвітності закладу. Реформа оплати спеціалізованої медичної допомоги—це перший випадок, коли спеціалізовану медичну допомогу купують у надавачів, які є юридично незалежними від держави. До них входять комунальні некомерційні підприємства та приватні організації. Ця вимога була критичним компонентом порядку денного реформи: вона усуває конфлікт інтересів із закупівлі послуг та підвищує фінансову та управлінську гнучкість у наданні послуг. Перший рік впровадження цього нового пристосування підкреслив необхідність посилення управління медичними закладами на місцевому рівні для підвищення прозорості та підзвітності роботи. Наприклад, їхній автономний правовий статус дозволив комунальним медичним закладам відкривати банківські рахунки в комерційних банках, а не лише в Державному казначействі. Багато лікарень використовують цей механізм для створення значних банківських депозитів замість збільшення поточних видатків на заробітну плату або, наприклад, на інвестиції. Без потужних механізмів підзвітності на місцевому рівні залишається незрозумілим, чи відповідали такі рішення найкращим інтересам пацієнтів. Ця поточна слабкість підзвітності означає, що можуть бути й інші викривлення у використанні ресурсів на рівні надавачів послуг, які ставлять під загрозу ефективність надання медичних послуг. Нормативно-правові акти про статус автономності надавачів послуг потребують подальшого вдосконалення, щоб забезпечити належну відповідальність медичних закладів за надання якісних медичних послуг.

Для контрактів 2020 р. НСЗУ передбачила ряд вимог щодо надання медичних послуг для надавачів послуг, які бажають надавати послуги за кожним із 29 спеціалізованих пакетів допомоги. Існує ряд універсальних вимог, зокрема пов'язаних із юридичним статусом, ліцензуванням та функціональними можливостями е-здоров'я, а також вимог, що стосуються окремих пакетів, щодо характеристик медичного закладу, медичного персоналу, наявності відповідного обладнання та додаткових відповідних ліцензій, зокрема на використання ядерної енергії та наркотичних речовин. Враховуючи відсутність інтегрованої моделі надання послуг, специфікації контрактів у 2020 р. спиралися на політику, наявну в різних існуючих стратегічних документах. Наприклад, пакет екстреної медичної допомоги включав деякі принципи «Концепції розвитку екстреної медичної допомоги»,[27] такі як обмеження екстреної медичної допомоги загрозливими для життя станами, розвиток системи консультування по телефону та координація з спеціалістами первинної ланки надання медичної допомоги та іншими відповідними спеціалістами, зокрема фахівцями з психічного здоров'я, для скерування до них пацієнтів, коли екстрена медична допомога не є доцільною. Однак ані специфікації контракту, ані відповідні механізми оплати не містили положень, які б спрямовували та стимулювали звернення або комплексне надання медичної допомоги. У 2020 р. було укладено договори з більшістю існуючих комунальних надавачів медичних послуг, зокрема з 1 631 надавачем спеціалізованих послуг, у тому числі з 55 приватними медичними закладами та 25 обласними центрами екстреної медичної допомоги.[28] Договори діють протягом одного року, і заклади подають заявки на нові договори на кожну послугу щороку, за винятком договорів, які були запроваджені у 2020 р. у відповідь на пандемію COVID-19 або для надання фінансової підтримки медичним закладам, які зазнають збитків.

Починаючи з квітня 2020 р. більшість послуг спеціалізованої медичної допомоги в ПМГ у 2020 (80,8 відсотка) було придбано за рахунок глобальних бюджетів.[29] Раніше ОМС оплачували послуги спеціалізованої медичної допомоги в лікарнях за допомогою постатейного бюджетування. З квітня 2020 р. НСЗУ використовує глобальні бюджети для оплати 67,1 відсотка всієї кількості платежів, здійснених для фінансування ПМГ, або 80,8 відсотка видатків на спеціалізовану допомогу, як показано на рисунку 3.8. Це включало екстрену медичну допомогу, медичну допомогу, пов'язану з COVID, та всі інші послуги, крім діагностичних процедур та стаціонарного лікування. Для кожного пакету послуг у складі ПМГ, законтрактованого в рамках глобального бюджету, НСЗУ визначила «базову ставку» на одну одиницю обслуговування—наприклад, на один випадок, який лікується в лікарні, одну амбулаторну послугу або одного мешканця району, охопленого центром екстреної медичної допомоги. Ця базова ставка була помножена на кількість послуг, які надавачем було надано попереднього року відповідно до офіційно повідомленої статистики. Базові ставки іноді коригувалися для врахування варіації обсягу видатків між видами послуг. Наприклад, базова ставка для амбулаторного лікування була помножена на 9 713, якщо послуга включала хірургічне втручання, і на 0 186, якщо це була стоматологічна допомога. Для кожної законтрактованої послуги надавач отримував бюджет, еквівалентний базовій ставці, помноженій на кількість послуг, і помноженій на будь-які коефіцієнти коригування.

РИСУНОК 3.8

Комбінації ставок за ПМГ у 2-3 кварталах 2020 р.

Джерело: дашборд НСЗУ, «Виплати надавачам медичних послуг,» частина 6, https://nszu.gov.ua/e-data/dashboard/pmg-pay.

Визначення базових ставок було технічним викликом через відсутність надійних даних, зокрема інформації про ціноутворення. Базові ставки, що використовуються в розрахунках глобального бюджету, були визначені за допомогою комбінації попередніх бюджетів та конкретних досліджень калькуляції витрат. У 2018 р. підхід «зверху вниз» застосовувався у 180 (волонтерських) медичних закладах, що становить приблизно 90 відсотків від загальної кількості в трьох областях—Полтавській, Одеській та Львівській. Інше дослі дження оцінювало недостатнє фінансування лікарських засобів для стаціонарного лікування за допомогою зростаючого розрахунку вартості. Ці результати були використані для встановлення ставок виплат для 131 групи, які були відправною точкою переходу на основі Австралійських покращених ДСГ (НСЗУ, 2020). Принаймні на деякі ставки також вплинув додатковий аналіз ціноутворення для включення більш досконалих протоколів лікування, як це було у випадку з пакетом лікування ТБ. Робота з ціноутворення пакетів була додатково ускладнена через відсутність надійних даних про використання послуг та фінансування на рівні закладу.

Рішення використовувати базову ставку для визначення рівнів оплат в 2020 р. призвело до відчутних змін у запланованих обсягах фінансування, які традиційно отримували медичні заклади, що мало стимулювати оптимізацію роботи медичних закладів та підвищення їхньої ефективності. НСЗУ обрала відносно помірний підхід, розподіливши кошти тонко на чотири п'ятих усіх закладів і майже виключивши решту. Передбачалося, що 43 відсотки медичних закладів, які зараз займаються 60 відсотками госпіталізацій, отримають підвищене фінансування. Очікувалося, що ще від 16 до 24 відсотків усіх госпіталізацій збережуть від 70 до 90 відсотків своїх попередніх бюджетів, що означатиме помірне скорочення. У той же час 13 відсотків медичних закладів отримають лише 50-70 відсотків від обсягу їхній попередніх бюджетів, і їх доведеться реорганізувати. Найбільших скорочень зазнають 382 однопрофільні медичні заклади—великі лікарні, які зосереджені на лікуванні одного захворювання, як-от

ТБ або ВІЛ/СНІД, і які разом становлять 21 відсоток усіх медичних закладів, чия діяльність потребує серйозних трансформацій.

Спочатку, у травні 2020 р., НСЗУ мав намір поступово запровадити елементи оплати на основі ДСГ для медичних закладів, але цей план був відкладений і в кінцевому підсумку скасований у планах на 2020 р. через зосередженість на боротьбі з пандемією COVID-19. Тому у 2020 р. НСЗУ використовувала виключно глобальні бюджети як спосіб оплати непріоритетних груп послуг медичної допомоги. Оригінальний проект ПМГ у 2020 передбачав, що протягом цього першого року НСЗУ поступово запровадить платежі на основі УДСГ.[30] Починаючи з травня 2020 р., планувалось розділити виплати на глобальний бюджет і на оплати за пролікований випадок, причому частка останньої поступово зростає з 10 відсотків до 40 відсотків до липня 2020 р. Паралельно із цим від надавачів послуг планувалося вимагати розпочати кодування та звітування випадків з використанням української системи ДСГ. Однак у червні уряд відклав запровадження системи ДСГ для стаціонарів до жовтня, а у вересні вирішив повністю скасувати його на 2020 р. Наводилися дві причини. По-перше, групування в 131 категорію за УДСГ було оцінено як надзвичайно широке, що залишало високий ступінь неоднорідності витрат в межах окремих груп. По-друге, ці фінансові ризики через перехід на виплати за кількістю пролікованих пацієнтів на рівні лікарень посилилися би внаслідок пандемії COVID-19, яка, за очікуваннями, мала призвести до скорочення використання основних медичних послуг. Лікарні все ще були зобов'язані повідомляти про випадки за ДСГ. Автоматизована система верифікації НСЗУ показала, що станом на вересень 2020 р. лише 0,73 відсотка зареєстрованих випадків були позначені як явно помилкові та повернуті до лікарень, але необхідне проведення подальшого ручного аналізу якості та повноти цих звітів, але він наразі ще не запроваджений.

Стаціонарне лікування пріоритетних станів фінансувалося на основі кількості пролікованих випадків і, як повідомляється, розраховувалося для покриття більш широкого діапазону видатків. На додаток до глобальних бюджетів, чотири пріоритетні стани—гострий мозковий інсульт, гострий інфаркт міокарда, ведення пологів та комплексна медична допомога новонародженим—вимагають стаціонарного лікування, за яке лікарні отримують виплати на основі кількості пролікованих випадків. Як повідомляється, НСЗУ визначила ставку за пролікований випадок для цих пріоритетних станів на основі додаткових досліджень із використанням зростаючого розрахунку вартості для забезпечення того, щоб ці ставки покривали повну вартість необхідних лікарських засобів і товарів медичного призначення, а також методів діагностики. Разом ці чотири стани становлять 6,7 відсотка від усього контрактного бюджету в ПМГ у 2020, що еквівалентно 8,1 відсотка всіх договорів на спеціалізовану медичну допомогу.

НСЗУ також застосував оплату на основі ставки на медичну послугу для семи амбулаторних медичних послуг з метою заохочення до надання цих послуг, За послуги амбулаторної ендоскопії, мамографії та гемодіалізу також було оплачено на основі ставки на медичну послугу. Цей підхід обрали навмисно, щоб стимулювати надання діагностичних ендоскопічних та мамографічних послуг, а також сприяти ранньому виявленню та лікуванню НІЗ шляхом заохочення надавачів інвестувати в необхідне обладнання. Загалом, договори на послуги, що оплачуються на основі ставки на медичну послугу, становили лише 0,1 відсотка від усіх договорів у межах ПМГ у 2020 та 0,1 відсотка спеціалізованої медичної допомоги.

Глобальний бюджет також використовувався на пакети COVID-19 через відсутність передбачуваності кількості випадків. У 2021 р. планова вартість договорів на медичну допомогу при COVID-19 (без урахування вакцинації від COVID-19) склала 16,6 млрд грн (13 відсотків від загального бюджету ПМГ). Оплата за послуги з вакцинації проти COVID-19 проходить на основі ставки на медичну послугу за кожен епізод введення пацієнтам вакцини проти COVID-19; загальна планова вартість пакету вакцинації від COVID-19 у 2021 р. склала близько 1,5 млрд грн.

І, як обговорювалося раніше, у 2020 р. уряд запровадив для медичних закладів дві форми додаткової фінансової підтримки, щоб компенсувати збитки, пов'язані з реформою фінансування охорони здоров'я та COVID-19. Рішення про надання підтримки збитковим лікарням було прийнято на тій підставі, що вплив реформи фінансування системи охорони здоров'я та спалаху COVID-19, можливо, піддали лікарні більшому ступеню фінансової вразливості, ніж це було б у випадку реалізації реформи до початку пандемії. Зокрема, це призвело до вичерпання двох важливих джерел фінансування, які раніше отримували лікарні, а саме місцевих бюджетів та пацієнтів. Не всі ОМС перерахували розподілені кошти зі своїх місцевих бюджетів лікарням, а деякі зменшили історичне співфінансування. Крім того, багато лікарень призупинили надання послуг запланованих медичних процедур та втручань на період пандемії, і пацієнти також, ймовірно, за власним вибором, відмовилися від медичної допомоги, яка не є необхідною, зменшуючи надходження (як офіційні, так і неофіційні) до лікарень і надавачів. Додаткове державне фінансування покривало:

- Одноразова доплата для уникнення катастрофічних втрат через реформу лікарняних виплат. Перша поправка, внесена в червні 2020 р. (набула чинності в липні), була спрямована на те, щоб надавачі послуг не несли значних збитків у результаті реформи, підвищивши їхні бюджети до рівня щонайменше 90 відсотків суми, яку вони історично отримували через дотації від уряду. Такий вид підтримки отримали 519 об'єктів комунальної власності, а їхня сума склала 1,6 відсотка від контрактної вартості ПМГ на 2020 р. (2,1 млрд грн).
- Доплати для фінансування підвищення зарплати під час COVID-19. У червні 2020 р. Кабмін видав постанову, яка запроваджує обов'язкові надбавки до заробітної плати медичним працівникам, які надають спеціалізовану медичну допомогу, на період з вересня по грудень 2020 р./, щоб компенсувати додаткове навантаження та ризики, спричинені пандемією COVID-19.[31] Для фінансування цих доплат, пакет ПМГ для перехідної фінансової підтримки було розширено, включивши додатковий компонент для покриття цих доплат. Обсяг доплат було розраховано виходячи з фактичної чисельності медичного персоналу в кожній лікарні і становила підвищення заробітної плати лікарям на 70 відсотків, медичним сестрам / медичним братам - на 50 відсотків і молодшому медичному персоналу - на 30 відсотків. Щоб отримати право на отримання цих додаткових коштів, медичні заклади повинні були продемонструвати, що вони підготували стратегічний план розвитку, затверджений власником закладу.
- Обидва види перехідної фінансової підтримки надавачам послуг були продовжені на перший квартал 2021 р., але повністю припинені з квітня 2021 р.

Рекомендації

У короткостроковій перспективі

- «Дроблення» великих пакетів—амбулаторної, стаціонарної хірургічної, стаціонарної без хірургічних втручань та екстреної медичної допомоги—на більш чітко визначені пакети послуг. Для решти послуг у цих чотирьох пакетах слід сформулювати більш чіткі специфікації, щоб пояснити, які медичні стани покриваються такими пакетами.
- Розглянути можливість перегрупування пакетів послуг, які виступають відправною точкою для інших медичних послуг, у комплексні пакети для лікування окремих станів. Наприклад, замість існуючих пакетів послуг хіміотерапії та променевої терапії, може бути більш ефективним розробити специфікацію цілого шляху діагностики та лікування різних видів злоякісних новоутворень.
- Крім того, «роздробити» деякі з існуючих ДСГ. Багато з них не є ні клінічно подібними, ні однорідними в плані витрат, що призводить до значного коливання у вартості послуг для різних випадків і потенційного фінансового ризику. Інвестиції в кодування та повнота інформації, зібраної за допомогою класифікацій ДСГ, є ключовими для подальшого вдосконалення оплат на основі ДСГ.
- Продовжувати зміцнювати систем моніторингу та оцінки НСЗУ, щоб регулярно проводити перевірку якості даних, виявляти відхилення в моделях надання послуг, а також проводити моніторинг тенденцій, щоб виявити неправильне кодування, перекодування та зловживання з боку надавачів або пацієнтів.
- Щоб перейти до більшої залежності від оплат на основі ДСГ, сформулювати чітку траєкторію переходу, яка надає медичним закладам захист від надмірних фінансових ризиків, а також надасть їм час для адаптації в разі потреби, включаючи розбудову потужності кодування та внесення необхідних коректив у клінічну практику. Слід уникати тимчасових надбавок до фінансування, особливо якщо вони здійснюються у формі підтримки надавачів на основі кошторисного підходу, зокрема, надбавки до зарплати, запроваджені для подолання шоку через COVID-19 з вересня 2020 р. по березень 2021 р. Можливі опції включають створення коридорів ризику, розподіл платежів між ДСГ і глобальними бюджетами і надання зворотного зв'язку надавачам щодо того, як вдосконалити надання послуг для забезпечення більшої ефективності та як діяти в умовах непередбачуваних загроз, таких як пандемія COVID-19.
- Посилити правила управління та підзвітності для надавачів, щоб збалансувати їх автономний статус та запобігти використанню фінансування, отриманого в рамках ПМГ, на невідповідні цілі, як-от довгострокові депозити, замість підвищення зарплат або інвестування в покращення надання послуг.

У середньостроковій перспективі

- Розробити, затвердити та запровадити комплексну стратегію надання послуг спеціалізованої медичної допомоги, узгодивши її з ПМД та громадським здоров'ям. Така стратегія повинна складатися з широкої концепції, схваленої на рівні Кабінету Міністрів, щоб гарантувати, що запропонований підхід є фінансово стійким; бути пов'язана з реформами в інших секторах, таких як первинна соціальна допомога та освіта; і включати реалістичну модель для спільного планування обсягу послуг, фінансування та надання послуг за допомогою ОМС. Така стратегія призведе до законодавчих змін, які сприятимуть запровадженню нових практик і структур і забезпечать виконання зобов'язань залучених сторін співпрацювати.

- Переглянути існуючий План спроможної мережі для забезпечення більш прозорої методології відбору закладів охорони здоров'я та переконатися, що критерії включення відповідають принципам політики розвитку мережі, таких як забезпечення достатнього обсягу послуг, уникнення фрагментації та забезпечення географічної рівності доступу. Остаточний шлях до змін у мережі лікарень має бути скоординованим результатом політичних імперативних вимог МОЗ, регіонального планування місцевими зацікавленими сторонами та стратегічних закупівель НСЗУ.
- Переглянути вибіркове контрактування надавачів, при якому надавачі можуть обирати, які пакети послуг вони хочуть надавати. Це потенційно схиляє надання послуг у бік тих, які є більш прибутковими, створюючи асиметрію попиту та пропозиції та проблеми з доступністю послуг. Натомість оцінка потреб на регіональному рівні повинна керувати рішеннями щодо якості та видів необхідних медичних послуг та слугувати основою для укладання контрактів з НСЗУ. Вирішальне значення мають право пацієнта на послугу та гарантія надання послуги пацієнту. Надавачі у межах Плану Спроможної мережі повинні надавати всі послуги, що відповідають їхньому рівню. Підписання багаторічних договорів замість однорічних забезпечить стимули для надавачів послуг інвестувати в потужності, необхідні для більш ефективного надання нових послуг.

ПРИМІТКИ

1. Розпорядженням Кабміну від 25 квітня 2018 р. № 411 розпочато роботу національної інформаційної системи охорони здоров'я. Повний текст доступний за посиланням https://zakon.rada.gov.ua/laws/show/411-2018-%D0%BF.
2. Кабінет Міністрів України. про затвердження переліку платних послуг, які надаються в державних і комунальних закладах охорони здоров'я та вищих медичних навчальних закладах [Про затвердження переліку платних послуг, що надаються в державних, комунальних закладах охорони здоров'я, вищих медичних закладах] (українською мовою). Постанова №1138; 17 вересня 1996 р. К.: Верховна Рада України, 1996, розміщено за посиланням https://zakon.rada.gov.ua/laws/show/1138-96-%D0%BF#Text. Отримано 4 червня 2021 р.
3. Облік осіб у лікарів/надавачів послуг ПМД (правила підписання декларацій з населенням) регулюється наказом МОЗ №503 від 2018 р.
4. Дані взято з відкритих джерел НСЗУ, доступних за посиланням https://edata.e-health.gov.ua/e-data/dashboard (українською мовою).
5. Дані взято з відкритих джерел НСЗУ, доступних за посиланням https://edata.e-health.gov.ua/e-data/dashboard (українською мовою).
6. В Україні немає державних монопрактик. Існує два типи надавачів послуг ПМД. Кожен з першого типу є парасольковою організацією; більшість із них державні, а деякі приватні. До другого типу входять всі приватні монопрактики.
7. Надання послуг ПМД регулюється наказами МОЗ №503 та №504 від 2018 р., що доступні за посиланнями https://zakon.rada.gov.ua/laws/show/z0347-18#Tex та https://zakon.rada.gov.ua /laws/show/z0348-18#Текст відповідно.
8. Телемедицина на рівні ПМД широко концептуалізується як комбінація цифрових адміністративних інструментів (зокрема е-здоров'я) плюс цифрові інструменти для консультацій та / передачі первинних діагностичних даних.
9. З текстом цього Закону можна ознайомитись за посиланням https://zakon.rada.gov.ua/laws/show/2206-19#Text.
10. З 110–120% капітаційна ставка зменшується до 0,8; з 120–130% - до 0,6; з 130–140% - до 0,4; з 140–150% - до 0,2; а при перевищенні 150% - ставка становитиме 0.

11. Дані отримано з дашборду НСЗУ, доступно за посиланням https://edata.e-health.gov.ua/e-data/dashboard.
12. Повний перелік - у Наказі МОЗ від 19.03.2018 № 504 «Про затвердження Порядку надання первинної медичної допомоги» за посиланням https://zakon.rada.gov.ua/laws/show/z0348.-18#Текст.
13. Перелік лікарських засобів, на які поширюється ПДЛ, та порядок призначення, надання та відшкодування витрат на ці лікарські засоби регулюються постановою КМУ від 17.03.2017 №152 за посиланням https://zakon.rada.gov.ua/laws. /show/152-2017-%D0%BF#Текст.
14. Настанови наведено в постанові КМУ №1300 від 23.12.2020 за посиланням https://zakon.rada.gov.ua/laws/show/1300-2020-%D0%BF#Text.
15. Методологія та процедури описані в наказі НСЗУ від 28 січня 2020 р.
16. Точніше, перехідні заходи мали на меті обмежити втрати до нуля протягом липня та серпня 2020 р. та не менше ніж на 10 відсотків з жовтня по грудень 2020 р. За цей час НСЗУ покриватиме 90–100 відсотків втрат, відповідно до ставки, з якою заклад виконував узгоджений план трансформації.
17. Дані отримано з Центру медичної статистики МОЗ (http://medstat.gov.ua/ukr/main.html) та статистики ОЕСР (https://stats.oecd.org/).
18. Дані отримано з Центру медичної статистики МОЗ (http://medstat.gov.ua/ukr/main.html) та статистики ОЕСР (https://stats.oecd.org/).
19. Дані отримано з Центру медичної статистики МОЗ (http://medstat.gov.ua/ukr/main.html) та статистики ОЕСР (https://stats.oecd.org/).
20. Дані отримано з Центру медичної статистики МОЗ (http://medstat.gov.ua/ukr/main.html).
21. Дані отримано з Центру медичної статистики МОЗ (http://medstat.gov.ua/ukr/main.html).
22. Дані отримано з Центру медичної статистики МОЗ (http://medstat.gov.ua/ukr/main.html).
23. Дані отримано з Державної служби статистики України.
24. Дані отримано з Центру медичної статистики МОЗ (http://medstat.gov.ua/ukr/main.html).
25. Дані були отримані з дашборду НСЗУ, розташованого за посиланням https://nszu.gov.ua/e-data/dashboard/pmg-pay.
26. Централізовані закупівлі лікарських засобів та товарів медичного призначення—програма МОЗ (код: 2301400), що реалізується державним підприємством «Медичні закупівлі України». Державне підприємство здійснює закупівлю лікарських засобів та товарів медичного призначення за переліком, затвердженим МОЗ на запити медичних закладів. Детальніше про цей процес можна дізнатися в постанові Кабміну №298 від 17.03.2011, https://zakon.rada.gov.ua/laws/show/298-2011-%D0%BF#Text.
27. Повний текст можна знайти за посиланням https://zakon.rada.gov.ua/laws/show/383-2019-%D1%80#Text.
28. Дані взято з панелі відкритих даних НСЗУ, https://edata.e-health.gov.ua/e-data/dashboard.
29. Тут і далі в цьому звіті рисунки, що описують механізм виплат в межах ПМГ, стосуються платежів НСЗУ протягом другого та третього кварталів 2020 р.
30. Перелік УДСГ затверджується Кабміном і є частиною процедури впровадження ПМГ. ДСГ сконструйовано з використанням Австралійських покращених ДСГ (V.9.0 та перелік відповідних класифікацій [діагнози та хірургічні втручання]) і налаштовані для функціонування в Україні. НСЗУ відповідає за точне налаштування та розробку алгоритму групування УДСГ. Для кожної клінічної групи / УДСГ визначається ставка оплати та зважені витрати.
31. Постанову видано Кабінетом Міністрів у складі Постанови № 610 від 19.06.2020. Повний текст доступний за посиланням https://zakon.rada.gov.ua/laws/show/610-2020-%D0%BF#Text.

ДЖЕРЕЛА

Ministry of Health of Ukraine. 2019. Як застосовувати телемедицину лікарям первинної ланки: методичні рекомендації [How primary care physicians should apply telemedicine: guidelines]. August 22. https://moz.gov.ua/article/for-medical-staff/jak-zastosovuvati-telemedicinu-likarjam-pervinnoi-lanki-metodichni-rekomendacii.

Ministry of Health of Ukraine. n.d. "Concept of Primary Health Care Development in Ukraine to 2031." Unpublished manuscript.

NHSU (National Health Service of Ukraine). 2020. *NHSU Guidebook: PMG Packages—Approach to Contracting Medical Facilities*. February 7. https://nszu.gov.ua/storage/editor/files/paketi-medichnikh-poslug-07022020_1581100466.pdf.

WHO (World Health Organization) and Ministry of Health of Ukraine. 2020. "White Paper on Health Service Delivery in Ukraine." Unpublished manuscript.

4 Запровадження управлінських механізмів Програмою медичних гарантій

Створення закупівельної організації медичних послуг, як-от Національної служби здоров'я України (НСЗУ), разом із запровадженням у систему охорони здоров'я функції стратегічних закупівель вимагає змін у структурах управління. Ключовими функціями таких управлінських структур повинні бути визначення стратегічного напряму закупівельної організації та забезпечення її підзвітності за використання ресурсів і результати діяльності.

Першочергове значення мають п'ять аспектів урядування:

- Автономія закупівельної організації щодо технічних та операційних питань, підпорядкованість уряду щодо політики та встановлення стратегічних цілей.
- Чіткість і прозорість ролей державних органів, які беруть участь у політиці та нагляді за НСЗУ, зокрема, Кабінету міністрів (Кабміну), Міністерства охорони здоров'я (МОЗу і Міністерства фінансів (Мінфіну)—разом із зрозумілими, прозорими методологіями, правилами та процесами для прийняття рішень.
- Зовнішня підзвітність та ефективний нагляд із зрозумілими шляхами підзвітності та участі громадян.
- Ефективні системи внутрішнього контролю та управління ризиками в рамках твердих і надійних бюджетних обмежень.
- Добре скоординовані та конструктивні міжвідомчі відносини між замовником та міністерствами, відповідальними за політику охорони здоров'я та фінансів, а також із органами місцевого самоврядування (ОМС), відповідальними за заклади охорони здоров'я, які в Україні також беруть участь у співфінансуванні системи охорони здоров'я.

Крім того, достатня спроможність усіх організацій, які беруть участь у механізмах управління, щодо кадрових та інших ресурсів є передумовою не лише для ефективної роботи, але й для забезпечення змістовної звітності про результати діяльності, перевірку та оцінювання ефективності надання послуг. Підвищення якості та доступності даних НСЗУ, а також її потенціалу для аналізу даних є ще одним важливим аспектом, який надасть цінну інформацію для МОЗу для керування сектором та забезпечить належне управління надавачами.

У цьому розділі буде розглянуто кожну з цих п'яти особливостей належного управління, оскільки вони стосуються НСЗУ як агента із закупівель Програми медичних гарантій (ПМГ), а також буде розглянуто питання інституційної спроможності.

АВТОНОМІЯ НСЗУ

МОЗ провело ретельну оцінку альтернатив, перш ніж ухвалити рішення про створення НСЗУ як центрального органу виконавчої влади. У процесі було враховано як українське законодавство та досвід, так і міжнародну практику. Було розглянуто такі варіанти: відділ у центральному апараті МОЗу; центральний орган виконавчої влади, державне неприбуткове підприємство; та позабюджетний цільовий фонд, неприбуткова самоврядна організація (Майнзюк і Джигир 2016). У 2017 р. НСЗУ була створена як центральний орган виконавчої влади відповідно до Закону №2168.

Варіант центрального органу виконавчої влади для ролі закупівельника медичних послуг вважався найбільш прийнятним з ряду причин. По-перше, як установа, окрема від МОЗ та ОМС, НСЗУ, швидше за все, діятиме виключно в інтересах пацієнтів, уникаючи конфлікту інтересів, який міг би виникнути, якби закупівельник володів надавачами медичних послуг або був відповідальним за персонал медичних закладів, як це характерно для МОЗ та ОМС. По-друге, центральний орган виконавчої влади буде безпосередньо підзвітним уряду. Фактично, Кабмін регулюватиме діяльність НСЗУ, щоб гарантувати, що він функціонує за єдиними, прозорими та справедливими правилами закупівлі та оплати та управляє бюджетними коштами на основі максимальної прозорості, підзвітності та своїх бюджетних зобов'язань (за підтримки казначейства) відповідно до вимог, затверджених Кабміном. По-третє, як покупець під наглядом, який фінансується за рахунок податків, НСЗУ не потрібно було мати наглядову раду з представниками роботодавців і працівників, що рекомендовано, якщо закупівельник фінансується за рахунок внесків на заробітну плату. Хоча є приклади наглядових рад з іншим представництвом, це вимагало б іншого та більш автономного правового статусу в законодавстві України, який може бути розглянутий у майбутньому після того, як НСЗУ розвине потенціал управління та матиме накопичений досвід роботи. Однак, як обговорюватиметься далі в цьому розділі, було б корисно підвищити роль громадян і платників податків і залучити представників пацієнтів до участі в офіційному нагляді та підзвітності НСЗУ. По-четверте, після надання політичного схвалення обсягу пакету послуг і його тарифів, закупівельник матиме управлінську автономію для прийняття рішень щодо придбання медичних послуг на основі технічних критеріїв медичних показань, стандартів і правил оплати, а також бути захищеними від політичного впливу на центральному та місцевому рівнях. По-п'яте, порівняно з державними підприємствами чи позабюджетними цільовими фондами, існує більший державний контроль над бюджетом та фінансовим управлінням центрального органу виконавчої влади, що зменшує фіскальні ризики.

Як зазначено в Законі № 2168, НСЗУ користується автономією у технічних питаннях та поточній діяльності, збалансованою з підзвітністю за результатами роботи та використання ресурсів, тоді як уряд зберігає повноваження щодо прийняття політичних рішень та фінансових ресурсів НСЗУ. Намір впровадження цього закону полягав у тому, щоб НСЗУ міг надавати політично нейтральний, об'єктивний технічний аналіз та консультації державним органам з питань політики, а уряд після отримання цієї інформації міг ухвалювати рішення. НСЗУ має добросовісно впроваджувати політичні рішення та керувати в межах ресурсів, виділених їй із державного бюджету. Норми, прийняті після впровадження Закону №2168, особливо протягом 2019 р., допомогли досягти прогресу в роз'ясненні автономії НСЗУ.

Створення НСЗУ також вказало на необхідність змін ролей інших державних органів, особливо МОЗу та Мінфіну. МОЗ, наприклад, має перейти до ролі, яка передусім полягає у затвердженні політики фінансування системи охорони здоров'я як частини його функції управління сектором охорони здоров'я та його завдання управління—визначення стратегії фінансування охорони здоров'я. Таким чином, воно може вказувати напрям для роботи НСЗУ та брати участь у нагляді за роботою НСЗУ. Перехід МОЗу та Мінфіну до цих ролей управління «на відстані витягнутої руки» ще не завершено. Під час переходу існує ризик того, що МОЗ продовжить працювати за старими бізнес-процесами та неналежним чином втручатиметься в оперативні та технічні питання НСЗУ. Так само, НСЗУ має поважати межі між своєю технічною консультативною роллю та політичними повноваженнями щодо політики та стратегії, покладеними на МОЗ. Перехід був складним, і ці нові відносини та механізми управління ще не стабілізувалися.

Може знадобитися деякий час, щоб різні органи влади досягли спільного та стабільного розуміння ступеня автономії НСЗУ та межі між політикою та впровадженням. Проте, як показали дискусії під час наступних змін ролей в уряді, це розуміння ще не широко поширене. Як і в багатьох інших країнах, які нещодавно створили соціальне медичне страхування або закупівельні агентства, МОЗу важко зрозуміти, як воно може керувати політикою та стратегією охорони здоров'я, коли більша частина бюджету охорони здоров'я спрямовується через окреме агентство із закупівель, а значна частка надання послуг контролюється місцевою владою. У Розділі 2 було рекомендовано розробити довгострокову стратегію фінансування охорони здоров'я. Така стратегія також є критично важливою для належного управління. Поточна відсутність стратегії сектору охорони здоров'я та стратегії фінансування охорони здоров'я, зокрема, ускладнює визначення напрямів діяльності МОЗ у рамках нової відповідальності НСЗУ.

У більшості країн зазвичай потрібен деякий час, щоб ці нові ролі та процеси стали зрілими та стабільними через зміни уряду та керівництва міністерств. Це дозрівання та стабільність можна підтримати частими та ефективними брифінгами щодо політики та проведення активних діалогів між керівниками МОЗу та Мінфіну шляхом нарощування професійного кадрового потенціалу для виконання їхніх нових управлінських ролей, а також шляхом створення широких груп підтримки стратегії фінансування охорони здоров'я.

ЗРОЗУМІЛІ ТА ПРОЗОРІ РОЛІ, МЕТОДОЛОГІЇ ТА ПРОЦЕСИ ПРИЙНЯТТЯ РІШЕНЬ

Як пояснюється у Розділі 2, ключове завдання цих методологій і процесів полягає в функціонуванні ПМГ та відповідних бюджетних асигнувань на НСЗУ, які узгоджуються одна з одним, що створює надійне фіскальне обмеження, а також сприяє ефективному розподілу ресурсів для системи охорони здоров'я. Це допоможе гарантувати, що комунікація про ПМГ серед громадян не викличе нереальних очікувань щодо спектру послуг та рівня витрат «з кишені», на які вони можуть очікувати.

Відповідні ролі Кабміну, МОЗу, Мінфіну та НСЗУ у прийнятті рішень, пов'язаних з ПМГ, викладені в Законі №2168. Ці ролі включають прийняття рішень стосовно бюджету НСЗУ, пакету послуг ПМГ, способів оплати, тарифів та контрактування надавачів послуг. Закон включає важливу систему противаг і стримувань. Як і в більшості країн, деталі методології та процесів прийняття рішень викладені в нормативно-правових актах, а не в самому законі.

У 2019 р. було досягнуто важливого прогресу в роз'ясненні правил і процесів, але прогалини все ще залишаються. Накази Кабміну роз'яснюють правила щодо укладання договорів з надавачами, включаючи розробку договірних специфікацій, встановлення тарифів та правил обміну медичними документами та даними між НСЗУ, МОЗ та надавачами. Згодом НСЗУ розробила пов'язані бізнес-процеси. Одним із постійних недоліків є відсутність будь-якої системної методології визначення пріоритетів ПМГ, розробки пакету послуг та визначення договірних специфікацій, які використовує НСЗУ. Ці договірні специфікації є основним інструментом НСЗУ для стратегічних закупівель для підвищення ефективності, модернізації та покращення якості. Процеси розробки ПМГ та специфікацій контрактів мають бути систематичними та заснованими на доказах. Слід також розглянути видатки, вигоди та доступність у межах бюджетних обмежень НСЗУ.

Крім того, для підвищення прозорості та легітимності рішень щодо розробки ПМГ та договірних специфікацій, необхідно створити чітку рамкову основу для консультацій з медичною спільнотою та представниками пацієнтів та для того, як їхній внесок вливається в офіційне прийняття рішень щодо ПМГ. МОЗ та НСЗУ мають посилити механізми консультацій із зацікавленими сторонами та знайти шляхи залучення представників пацієнтів до прийняття рішень щодо пакету послуг та договірних специфікацій. Хоча консультації відбуваються під час обговорення пакету послуг, вони переважно включають експертів та надавачів. Пацієнти мають своє представництво в нещодавно створеній Раді громадського контролю (РГК) (про яку йдеться далі), яка розглядає та обговорює загальні та окремі пакети послуг ПМГ, включаючи способи оплати та ставки. Однак консультаційний процес потребує подальшого розвитку, щоб уникнути ризику розробки рекомендацій щодо медичної допомоги, які є недоступними, неефективними або недостатньо якісними. Конфлікт інтересів і неправомірний вплив особливих інтересів можуть виникнути, якщо в консультаційних процесах домінують певні групи інтересів і якщо консультації не керуються межами чітких рамок, які пріоритезують доказовість ефективної, економічної та справедливої медичної допомоги. Якщо цей процес не буде дисциплінований чіткими рамками для прийняття рішень, ймовірно, буде тенденція до розширення кількості та спектру послуг, а також лікарень та інших медичних закладів, які можуть надавати послуги за договором. Це призведе до занадто дрібного розподілу бюджетних ресурсів охорони здоров'я на розгалужену мережу закладів, і в такому разі підвищення ефективності, якого можуть досягти стратегічні закупівлі, не буде реалізовано.

Також має існувати середньострокова перспектива для планування, визначення пріоритетів та бюджетування щодо ПМГ, яка виходить за рамки поточного річного процесу, передбаченого Законом №2168, який пов'язаний з процесом щорічного державного бюджетування. Середньострокова перспектива розвитку ПМГ, тарифів та Програми доступних ліків (ПДЛ) необхідна для планування часу для аналізу, консультацій та впровадження відповідно до бюджетного циклу. Процеси пріоритезації та формування бюджету НСЗУ також мають відображати вдосконалені методології та підходи до розробки пакету послуг ПМГ та договірні специфікації, рекомендовані вище.

ЗОВНІШНЯ ПІДЗВІТНІСТЬ ТА КОНТРОЛЬ НСЗУ

Як автономний центральний орган виконавчої влади, НСЗУ підпорядкований і підзвітний Кабміну. Закон про створення НСЗУ надає МОЗ і Мінфін спільні повноваження щодо прийняття ключових політичних рішень, що регулюють фінансування системи охорони здоров'я та закупівлі послуг НСЗУ, включаючи затвердження пропозицій щодо ПМГ, тарифів та бюджетних пропозицій. У той же час, НСЗУ є розпорядником коштів, вторинним по відношенню до МОЗ, і як такий подає всі пропозиції щодо політики та видатків і звіти до Мінфіну та Кабміну через МОЗ. Але відсутність ефективної платформи, на якій МОЗ та Мінфін узгоджували б стратегії та політику фінансування системи охорони здоров'я до того, як пропозиції будуть подані Кабміну, перешкоджає розробці спільного стратегічного бачення фінансування охорони здоров'я. Тому для вирішення цього питання в попередньому розділі цього звіту пропонувалося створити наглядовий комітет НСЗУ, до складу якого входили б представники МОЗу та Мінфіну, а в ідеалі також представник апарату прем'єр-міністра—наприклад, віце-прем'єр-міністр з питань регіонів, який має відповідні обов'язки.

Крім того, НСЗУ також звітує перед РГК, до складу якої входять пацієнти та представники громадянського суспільства. Закон №2168 передбачає, що отримання членства в РГК має проходити шляхом відкритого, прозорого конкурсу, а також передбачено уникнення конфлікту інтересів членів ради. Серед обов'язків РГК—моніторинг діяльності та роботи НСЗУ, розгляд звітів, підготовлених НСЗУ, а також підготовка та публікація письмових висновків та рекомендацій. Таким чином, вона відіграє важливу роль у сприянні прозорості, що допомагає посилити відповідальність НСЗУ перед громадянами, як платниками податків і пацієнтами. Однак роль РГК є лише дорадчою; вона не має управлінських повноважень або відповідальності наглядової ради. Підзвітність можна було би посилити шляхом залучення РГК до офіційного нагляду, що здійснюють МОЗ і Кабмін, а також шляхом чіткішого визначення її ролі. Можуть бути розглянуті наказ Кабміну, в якому викладаються деталі ролі РГК, звіти, якими НСЗУ має поділитися з РГК, а також висновки та звіти, які РГК має надати уряду. Цей наказ також міг би встановити офіційний механізм, за допомогою якого РГК може звітувати перед МОЗ та Кабміном, зокрема, через запропонований вище наглядовий комітет. Комітет Кабміну, який наглядає за НСЗУ, у разі його створення, міг би періодично зустрічатися з головою та членами РГК.

В ідеалі НСЗУ також повинна мати набір як щорічних, так і середньострокових цілей щодо результатів діяльності, які утворювали б основу для її підзвітності і узгоджувались би з цілями уряду щодо системи охорони здоров'я та були б реалістичними з огляду на ресурси НСЗУ. Наразі звітність НСЗУ зосереджується головним чином на бюджеті та затвердженні ПМГ, а також на інших питаннях на тимчасовій основі. Це означає, що не існує інтегрованого, узгодженого регулярного механізму надання звітів про виконану роботу, за допомогою якого НСЗУ звітує Кабміну про всі аспекти діяльності. Зараз Україна запроваджує нову систему орієнтованого на результат нагляду за впровадженням політики з боку Кабміну, що посилить підзвітність міністерств за виконання секторальних стратегій. Це зробило б цілі НСЗУ більш прозорими, інтегрованими в політику сектору охорони здоров'я, та структуру звітності щодо цих цілей через МОЗ. Враховуючи ранній етап розробки цієї системи, орієнтованої на результат, було б корисно розглянути можливість пілотування точного механізму, включаючи відповідні аспекти реалізації секторальної політики, які підлягають вимірюванню, та відповідальність за погодження та відстеження прогресу щодо цілей та результатів діяльності. Ці цілі повинні визнавати реальність того, що буде перехідний період, перш ніж буде реалізовано повне бачення ПМГ. Відповідно, моніторинг результатів діяльності НСЗУ має бути зосереджений на тому, чи НСЗУ розподіляє свої ресурси для найкращого вдосконалення та досягнення прогресу у своїх статутних цілях щодо здоров'я населення, доступу до медичної допомоги та рівності цього доступу.

Зовнішній аудит НСЗУ з боку Держаудитслужби, Національного антикорупційного комітету та Рахункової палати України виконується в установленому порядку, і НСЗУ реагує на його рекомендації. Хоча звіти Рахункової палати та Антикорупційного комітету публікуються, інші аудиторські документи є приватними для уряду. Хорошою практикою було б оприлюднювати всі результати аудиту та публікувати відповіді НСЗУ на них.

ЕФЕКТИВНІ СИСТЕМИ ВНУТРІШНЬОГО КОНТРОЛЮ В МЕЖАХ ЧІТКИХ БЮДЖЕТНИХ ОБМЕЖЕНЬ

Для досягнення максимальних результатів за рахунок наявних ресурсів, НСЗУ потребує розвиненої системи внутрішнього контролю та дисципліни для попередження недотримання бюджету та недоцільного використання ресурсів як з боку НСЗУ, так і з боку законтрактованих медичних закладів. Крім того, бюджет НСЗУ має бути надійним. Це вимагає від НСЗУ використовувати належні дані та методи для прогнозування попиту; розрахунку вартості послуг ПМГ і формулювання бюджетної пропозиції, а уряд (за поданням МОЗ та Мінфіну) повинен забезпечити реалістичність затвердженого бюджету щодо видатків на ПМГ.

НСЗУ розробила і продовжує вдосконалювати процедури та заходи внутрішнього контролю для запобігання помилкам і шахрайству в заявах на виплату. Внутрішній контроль, який запровадила НСЗУ, включає:

- Проведення незалежних перевірок і складання незалежних балансів, деякі з яких підлягають затвердженню МОЗ та Мінфіном, у рамках бізнес-процесів для кожного з етапів закупівлі—укладання договорів, оплати та обліку. Усі внутрішні бізнес-процеси задокументовані.
- Оперативний сектор внутрішнього аудиту, який підпорядковується генеральному директору та відповідає за перевірку та забезпечення гарантій роботи систем внутрішнього контролю та за розслідування можливого шахрайства та корупції, хоча судові органи відповідають за розслідування кримінальних справ.
- Програма боротьби з шахрайством (керується оперативним сектором внутрішнього аудиту), яка використовує автоматизований моніторинг, що ґрунтується на алгоритмах виявлення потенційно шахрайських заяв на виплати. Наприклад, вона генерує показники надмірного призначення ліків, шахрайських заяв на виплати рецептів та інфляції кількості пацієнтів первинної ланки. Існують також показники шахрайства та неналежного надання медичних послуг пацієнтам із поширеними станами, що лікуються в умовах спеціалізованого стаціонару, таких як мозковий інсульт, інфаркт міокарда, онкологія та комплексна неонатологічна медична допомога; розробка алгоритмів для інших сфер спеціалізованої допомоги триває.

Автоматизований моніторинг повинен супроводжуватися візитами до медичних закладів з метою розслідування випадків; частоту таких візитів варто було би збільшити. Такий підхід вимагає посилення п'яти міжрегіональних департаментів НСЗУ, а також прийняття та впровадження проєктів підзаконних актів (уже підготовлених) як підґрунтя для накладання санкцій і штрафів на надавачів послуг.

Належною практикою для керівництва НСЗУ була б також розробка реєстру ризиків для документування стратегічних, фінансових, операційних і репутаційних ризиків та відповідних заходів ризик-менеджменту, які б регулярно переглядалися підрозділом внутрішнього аудиту.

УЗГОДЖЕНА ТА КОНСТРУКТИВНА МІЖВІДОМЧА СПІВПРАЦЯ

Узгоджена, конструктивна міжвідомча співпраця, зокрема з МОЗ, Мінфіном та Кабміном, є ключовим фактором успіху для належного управління та високої результативності стратегічних закупівель медичних послуг. Координація та конструктивна співпраця на національному рівні важливі для визначення узгодженої стратегії та політики роботи НСЗУ. Необхідні налагоджені процеси проведення зустрічей та комунікації, а також спільний стратегічний план і рамкові політичні механізми для координації ролей і функцій МОЗ, НСЗУ, надавачів медичних послуг і ОМС. Українському сектору охорони здоров'я бракує стратегічного плану, розробленого та погодженого МОЗ, НСЗУ та основними зацікавленими сторонами, який був би затверджений урядом. Існує потреба координації діяльності Мінфіну, МОЗ, Кабміну та НСЗУ, коли йдеться про встановлення та узгодження стратегії фінансування охорони здоров'я та узгодження її з ширшими стратегічними планами сектору охорони здоров'я, власними інституційними планами НСЗУ, новою політикою, бюджетуванням та рамками звітності та підзвітності.

Побудова конструктивної співпраці і добре скоординованих робочих домовленостей якомога раніше після кадрових змін в уряді або зміни міністрів є важливим для кількох аспектів належного управління, які розглядалися вище. Перехідний період нерідко стає викликом для стабільності політики та стратегії, а також для управління. Конфлікт і відсутність узгодженості між НСЗУ та МОЗ може хибним чином перекласти відповідальність за здійснення нагляду за сектором охорони здоров'я на Мінфін, яке відповідає за забезпечення доступних фіскальних обмежень та заохочення ефективного використання бюджетних ресурсів. Конструктивні відносини між МОЗ та Мінфіном сприяють посиленню ролі стратегічного нагляду та управління стосовно НСЗУ.

Співпраця з ОМС також важлива, оскільки залишається значна частка фінансування, що надходить через ОМС до надавачів медичних послуг, які надають послуги ПМГ, а також тому, що ОМС несуть відповідальність за розвиток та підтримку своєї мережі медичних закладів відповідно до договірних вимог НСЗУ. Всупереч початковим політичним намірам, бюджетний кодекс тепер сформульований таким чином, що створює перекриття призначених видатків НСЗУ та ОМС. Хоча здатність ОМС надавати додаткове фінансування для заповнення прогалин та вирішення вузьких місць і потреб у послугах на місцевому рівні дуже допомогла під час кризи COVID-19, цей механізм створює ризики для ефективності та підзвітності системи у довгостроковій перспективі. Це має негативні наслідки для відповідальності.

Як власники закладів, ОМС несуть відповідальність за дефіцити та збитки своїх медичних закладів. НСЗУ, представники ОМС та Мінфін визнають необхідність перехідного періоду для надавачів, щоб усунути їхні дефіцити шляхом підвищення ефективності та перепризначення чи переміщення персоналу; вони також визнають, що існує необхідність координації між НСЗУ та ОМС щодо цього питання.

У середньо- та довгостроковій перспективі НСЗУ повинна буде посилити координацію своїх дій з ОМС та госпітальними округами, коли області вживатимуть більш суттєві заходи щодо раціоналізації мережі закладів. Ця координація могла б залучити п'ять міжрегіональних департаментів НСЗУ, кожне з яких охоплює від трьох до восьми областей,[1] які працюють із госпітальними округами та через них. Це дуже великий і довгостроковий план змін. Тому може бути доречним почати з одного або кількох демонстраційних майданчиків в областях, де вже існує певна політична взаємодія та технічна підтримка генерального планування та оптимізації. Детальна архітектура нових госпітальних округів ще розробляється.

В управлінні новими автономними закладами охорони здоров'я необхідно вирішити багато проблем. Розвиток зовнішніх механізмів підзвітності та внутрішнього контролю закладів охорони здоров'я є важливою доповнювальною реформою до управління НСЗУ для забезпечення ланцюгу відповідальності за покращення ефективності системи охорони здоров'я, використовуючи як договірну підзвітність через НСЗУ, так і підзвітність власникам через місцеві органи влади. НСЗУ та місцеві органи влади мають спільні інтереси і можуть отримати вигоду від співпраці завдяки обміну даними та інших ініціатив, зокрема спільних моніторингових візитів до закладів та координації підтримки та санкцій щодо неспроможних медичних закладів.

ПОТУЖНОСТІ НСЗУ: СТРУКТУРА, КАДРОВІ РЕСУРСИ, ІНФОРМАЦІЙНІ ТЕХНОЛОГІЇ

Нинішній рівень кадрового наповнення НСЗУ (266 працівників центрального офісу та 53 працівника в міжрегіональних департаментах станом на лютий 2021 р.) та розмір її адміністративного бюджету порівняно з бюджетом програми на закупівлю послуг (0,23 відсотка у 2020 р.) є дуже «тонкими» за міжнародними стандартами, що обмежує повноцінну реалізацію нею своєї функції стратегічного закупівельника. Відповідно до Указу 85, загальна кількість персоналу може бути збільшена до 1060. Сукупний ліміт кадрів НСЗУ має бути достатнім, хоча потрібна більша гнучкість кадрових перестановок між його центральним офісом та п'ятьма міжрегіональними департаментами (максимальна кількість співробітників 400 та 660 відповідно, відповідно до указу), відповідно до управлінських пріоритетів НСЗУ та у відповідь на технологічний розвиток—наприклад, більше використання централізованої автоматизації, більше використання онлайн-зустрічей. Практичні обмеження чисельності персоналу пов'язані з малим адміністративним бюджетом НСЗУ та труднощами із залученням на деякі посади персоналу з обмеженими навичками. На це також впливають короткострокові загальні обмеження найму в державному секторі. Немає нормативно-правових актів, які виділяють відповідну частку бюджету НСЗУ на адміністрацію, як це спостерігається в багатьох країнах.

Серед питань, які потребують вирішення, слід згадати дефіцит аналітичного персоналу в НСЗУ і в МОЗ, який переходить, частково з причини низької заробітної плати, до інших секторів, зокрема до сектору інформаційних технологій. Це є обмеженням, яке зустрічається у всіх організаціях державного сектору, і воно також перешкоджає розвитку навичок існуючого аналітичного персоналу. Реалізація планів розвитку міжрегіональних департаментів НСЗУ є критично важливою для моніторингу роботи надавачів щодо відповідність договірним вимогам та для ефективного впровадження механізмів боротьби з шахрайством, включаючи перевірки на рівні медичних закладів. НСЗУ покладається на підтримку донорів, щоб заповнити прогалини у кваліфікації, наймаючи персонал за короткостроковими контрактами, така практика поширена у багатьох країнах з бюджетними обмеженнями з рівнем доходу нижче середнього. Проте бажано створити більш постійний внутрішній потенціал у цих сферах та зміцнити знання та досвід існуючих аналітиків у секторі охорони здоров'я, які можуть з часом розвинути весь аналітичний потенціал НСЗУ для підтримки розвитку стратегічних закупівель. НСЗУ як організація може запропонувати дещо вищу заробітну плату, ніж міністерство, для посад, які вимагають дефіцитних аналітичних та ІТ-навичок. Це є звичним явищем у багатьох країнах і може стати джерелом напруги між відомствами, якщо не буде докладено відповідних зусиль для подолання дефіциту аналітичних навичок у МОЗ та Мінфін. Кадрова політика, яка дозволяє або навіть заохочує ротацію деяких кадрів між міністерствами та покупцем, може бути корисною. Можна було б розглянути такі стратегії, як довгострокове контрактування, тимчасове перенаправлення кадрів з такими навичками до НСЗУ, ротація персоналу між НСЗУ та МОЗ та Мінфін, а також більш приваблива оплата праці, можливості навчання та кар'єрні шляхи для аналітиків та ІТ-персоналу.

Реалізація планів розвитку міжрегіональних департаментів НСЗУ є ключовим для моніторингу роботи надавачів відповідно до договірних вимог щодо механізмів боротьби з шахрайством та моніторингу стратегічних закупівель для підтримки реформи надання послуг. НСЗУ створила п'ять міжрегіональних департаментів, як описано раніше, відповідно до рекомендацій у огляді 2019 р. Керівники цих офісів мають досвід і необхідні навики, щоб представляти НСЗУ перед губернаторами, мерами, директорами лікарень та державними службовцями вищої ланки. На сьогодні у складі кожного міжрегіонального департаменту налічується близько 5-10 співробітників, яким доводиться працювати приблизно з 30-50 лікарнями на додаток до інших закладів. НСЗУ планувала збільшити штат на 20-25 відсотків у 2021 р. як наступний крок для розвитку своїх функцій і відігравати розширену роль у перевірці договорів, моніторингу виконання договорів та перевірці на шахрайство. Наприклад, співробітники міжрегіональних департаментів виконують перевірку відповідності законтрактованих лікарень вимогам договору, зокрема чи наявна у них ліцензія, обладнання та штат, а потім готують відповідний договір для підписання на центральному рівні, який забезпечує незалежну перевірку в процесі. На третьому етапі розвитку міжрегіональних департаментів НСЗУ планувала, що цей штаб візьме на себе відповідальність за моніторинг виконання договору, використовуючи як електронні перевірки документів, так і візити до пріоритетного списку закладів для перевірки відповідності вимогам, та розслідування шахрайства, виявленого центральним підрозділом внутрішнього аудиту. У майбутньому, у міру подальшого розвитку НСЗУ стратегічних закупівель, міжрегіональні департаменти також повинні відігравати роль в оцінці потреб місцевого населення у сфері охорони здоров'я, спроможності надавачів реагувати на ці потреби та у використанні договірних повноважень для підтримки реорганізації та розвитку мережі надавачів.

НСЗУ стикається з проблемою браку фінансування для оновлення програмного забезпечення та ліцензій на ІТ. Щодо більшості свого програмного забезпечення НСЗУ залежить від зовнішнього фінансування партнерів з розвитку, тоді як видатки на ліцензування для е-здоров'я є постійною проблемою через монопольну владу одного розробника. НСЗУ використовує платформу закупівель для укладення договорів, а Агентство США з міжнародного розвитку надало 3 мільйони доларів США на розробку IT-системи НСЗУ, яка автоматизує процеси укладення договорів та оплат. Але все ж таки потрібне стабільне фінансування.

У середньостроковій перспективі—з огляду на подальший розвиток системи е-здоров'я для надавачів медичних послуг—важливо інвестувати в скоординовану розробку систем ІТ та управління даними НСЗУ, щоб забезпечити інтеграцію з більш загальною системою е-здоров'я та уникнути дублювання систем. Розвиток системи е-здоров'я на рівні надавачів медичних послуг все ще знаходиться на ранній стадії.

РЕКОМЕНДАЦІЇ

У короткостроковій перспективі

- Створити комітет Кабміну, який би діяв як наглядовий комітет НСЗУ, та сприяти покращенню міжвідомчої координації між Мінфіном, МОЗ, НСЗУ та іншими міністерствами при визначенні стратегічних напрямів НСЗУ та досягненні консенсусу з таких питань, як стратегія фінансування системи охорони здоров'я, а також бюджет і тарифи пакетів послуг ПМГ.
- розглянути можливість пілотування механізму, за допомогою якого МОЗ забезпечить підзвітність НСЗУ перед Кабміном щодо релевантних аспектів реалізації секторальної політики шляхом чіткого визначення відповідальності за погодження та перегляд цілей щодо результатів діяльності. Це можна зробити у рамках нового підходу щодо здійснення Кабміном орієнтованого на результат нагляду за реалізацією політики.
- Розробити організаційну стратегію НСЗУ, узгоджену зі стратегією фінансування системи охорони здоров'я, і з цілями та показниками ефективності, запропонованими вище, за якими НСЗУ могла би бути підзвітною перед Кабміном.
- Створити в структурі МОЗ невеликий постійний підрозділ, що матиме технічну експертизу щодо політики фінансування системи охорони здоров'я, щоб забезпечити МОЗ можливість краще виконувати свої функції з нагляду та управління стосовно НСЗУ, включаючи його роль у комітеті Кабміну, що здійснюватиме нагляд за НСЗУ.
- Уточнити функції та процедури РГК в контексті управління НСЗУ в наказі Кабміну, включаючи інформацію та звіти, які НСЗУ повинна надавати РГК; формалізувати механізм, за яким РГК може надавати свої висновки та рекомендації МОЗ та запропонованому вище комітету Кабміну.
- Для кращого розуміння функцій і обов'язків забезпечити брифінгові матеріали та регулярні можливості для політичного діалогу для нових міністрів і високопосадовців МОЗ та Мінфіну, які виконуватимуть нові обов'язки в контексті політики фінансування системи охорони здоров'я та управління НСЗУ, а також для членів РГК.
- Запровадити середньостроковий процес планування, визначення пріоритетів та бюджетування ПМГ для доповнення процесів поточного року і направляти їх у необхідне русло.
- Розробити та запровадити систематичну методологію, базовану на доказах, для визначення пріоритетів ПМГ та ПДЛ, пакету послуг та тарифів разом із чітким розмежуванням функцій НСЗУ, МОЗ та Мінфіну на кожному етапі розробки та затвердження.

- Розробити та вдосконалити договірні специфікації на різноманітні медичні послуги для підвищення якості та ефективності послуг; чітко визначити функції НСЗУ та інших сторін у цьому процесі.
- Розробити структуру для регулювання консультацій щодо ПМГ, ПДЛ та договірних специфікацій, що запобігає конфлікту інтересів, сприяє прозорості та забезпечує участь усіх зацікавлених сторін, включаючи громадян.

У довгостроковій перспективі

- Забезпечити регулярні можливості навчання у сфері фінансування та закупівель охорони здоров'я для працівників МОЗ та Мінфіну, які працюють із НСЗУ.
- Створити офіційні механізми координації між міжрегіональними департаментами НСЗУ, ОМС та госпітальними округами для узгодження місцевих планів закупівель та договорів НЗСУ з плануванням бюджету ОМС, плануванням інвестицій та підтримкою перехідного періоду для мережі медичних закладів.
- Збільшити чисельність кадрів НСЗУ (у межах уже затвердженої загального ліміту, але із забезпеченням гнучкості перерозподілу посад між центральним офісом та міжрегіональними департаментами) та розвивати аналітичні навички серед працівників НСЗУ для підтримки розвитку системи стратегічних закупівель; у короткостроковій перспективі НСЗУ варто розширювати та розвивати свої міжрегіональні департаменти, щоб посилити моніторинг за дотриманням вимог договору та контроль для запобігання шахрайства шляхом особистих моніторингових візитів та моніторингу результатів роботи, як продовження автоматизованого моніторингу.
- Розробити IT-системи НСЗУ для підтримки стратегічних закупівель та забезпечити їх інтеграцію з системою е-здоров'я для використання надавачами медичних послуг.

ПРИМІТКА

1. НСЗУ включає п'ять міжрегіональних департаментів: Північний, що охоплює чотири області; Західний, що охоплює вісім областей; Центральний, що охоплює чотири області; Східний, що охоплює п'ять областей (включаючи східні зони конфлікту); та Південний, що охоплює три області.

ДЖЕРЕЛО

Maynzyuk, K. and Dzhygyr, Y. 2016. *Single National Purchaser of Health Services: Options for Organisation, Management and Financing.* Kyiv: Ministry of Health of Ukraine.

www.ingramcontent.com/pod-product-compliance
Lightning Source LLC
LaVergne TN
LVHW070128110826
845147LV00002B/212

* 9 7 8 1 4 6 4 8 1 9 0 8 7 *